한반도평화연구원총서 12

남북한 경제통합

전략과 정책

Economic Integration of the Two Koreas

Strategies and Policies

이장로 · 김병연 · 양운철 엮음

한울
아카데미

이 도서의 국립중앙도서관 출판예정도서목록(CIP)은 서지정보유통지원시스템 홈페이지(http://seo-ji.nl.go.kr)와 국가자료공동목록시스템(http://www.nl.go.kr/kolisnet)에서 이용하실 수 있습니다. CIP제어번호: 2015030242(양장)

　한국에서 통일에 대한 이야기가 나오면 국민 대부분은 (초등학생 아이들까지도!) '경제'를 언급합니다. 통일 자체는 좋을지 몰라도 '경제적'으로 너무 큰 부담이고, 그래서 위험하고 싫다는 것입니다.

　이러한 현상은 국민의 통일관이 감정적이기보다 매우 현실적이라는 점에서 통일을 준비하는 데 오히려 긍정적 측면도 보인다고 할 수 있습니다. 그러나 동시에 국민이 우려하는 그 통일과 연관된 '경제'에 대해, 정확한 지식과 정보, 성찰이 없이 그저 단순히 '손해를 보기 싫다'는 이기적 심리를 보인다는 점에서 부정적 측면이 엿보인다고도 할 수 있습니다.

　그런 점에서 이번 한반도평화연구원의 연구총서로 발간되는 『남북한 경제통합: 전략과 정책』은 매우 중요한 의미가 있는 책이라 생각합니다. 통일 또는 남북한 경제통합의 전략과 그를 위한 정책을 매우 깊이 성찰하고 있기 때문입니다. 이 책이 앞으로 통일과 통일경제를 논할 때 주요한 기준 가운데 하나가 될 것이라고 기대합니다.

　이 책은 통일을 준비하는 기독교 싱크탱크인 한반도평화연구원(KPI) 이장로 전임 원장님의 추진으로 진행되어온 연구 결과이기에 깊은 감사를 드립니다. 그리고 원고를 써주신 박진, 김병연, 양운철, 박영철, 이상준 박사님께도 감사 인사를 전합니다.

한반도평화연구원은 현황에 대한 즉각적 대응 방안을 제시하는 연구보다는, 좀 더 긴 호흡으로 내부를 깊이 응시하고 성찰해 최종 방향을 잃지 않는 연구를 한국 사회에 제시하고자 합니다. 이 책이 그러한 역할을 하고 있는 한반도평화연구원의 모습을 잘 나타내고 있다는 점에서 기쁘고 자랑스럽게 생각합니다. 앞으로도 한반도평화연구원이 시대적 사명을 다할 수 있도록 많은 학자 분과 통일에 열정이 있는 모든 분의 관심과 참여를 기대합니다.

2015년 10월

한반도평화연구원 원장

전우택

북한은 현재와 미래에 걸쳐 한국 경제와 사회의 불확실성에 가장 중요한 요인임이 틀림없다. 북한의 시장경제로의 체제이행과 남북한 경제통합이 순조롭게 이루어지면 북한뿐만 아니라 남한 경제도 커다란 성장동력을 확보할 수 있을 것이다. 반면 북한의 체제이행과 남북통합에 심대한 문제가 발생하면 짧게는 수년 또는 10~20년 동안 남한 경제는 상당히 부정적인 충격을 받게 될 것이다.

이와 같은 상이한 시나리오의 주된 결정 요인은 북한 내부에 있으며 우리가 이에 영향을 줄 가능성은 제한되어 있다. 그러나 각 시나리오에 적합한 대책을 마련하는 것은 한국 정부와 학계, 사회의 책무이다. 그리고 중요한 것은 이 대책의 효과에 따라 북한 충격의 편익이 크게 달라질 것이라는 점이다. 만약 정교하고 효과적인 대책이 마련되어 있다면 북한 사태가 급변해도 남한의 편익을 극대화하는 방식으로 북한 체제를 이행시키고 남북 경제통합을 유도할 수도 있다. 이런 측면에서 북한의 체제이행과 남북 경제통합을 위한 정책 청사진 마련의 중요성은 아무리 강조해도 지나치지 않다.

이 책에 소개된 연구 결과는 이 같은 정책 청사진을 마련한다는 목표 아래 집필되었다. 특히 이 연구는 점진적·급진적 체제이행이나 통합 시나리오에 공통 요인을 중심으로 집필하되 저자의 판단에 따라 급진적·점진적 방안을 선택하도록 했다. 그 결과 집필자 다수가 급진적 방안을 중심으로 서술했다. 사유화와 금융·재정 부문의 이행과 통합을 연구한 세 사람은 급진적 시나리오를 염두에 두고 서술했다. 토지와 인프라 개발 부문은 이행과 통합 시나리오에 크게 영향을 받지 않기 때문에 결과적으로 연구 대부분은 급진적 시나리오를 기본으로 가정하는 셈이다. 그러나 급진적 시나리오라고 해서 급진적 이행과 통합만을 주장할 필요는 없다. 경제학적으로 통합 충격을 완화하고 북한 경제의 자생력을 강화하기 위해서는 남북한의 점진적 통합이 더 선호되는 방안일 가능성이 크다. 이런 면에서 박진의 '남북 경제통합의 전략 방향', 김병연의 '체제전환과 경제통합'에 관한 연구는 그다음 이어지는 부문별 연구의 가이드라인으로 기능한다. 즉, 북한의 급변사태에도 만약 점진적 이행과 통합이 좀 더 유리한 방안이라면 주어진 기간 내에 정책 우선순위와 시기별 순차를 정함으로써 급진적 시나리오 아래에서도 점진적 이행과 통합을 유도할 수 있다. 점진적 통합의 중요성이 상대적으로 더 큰 사회보장제도와 관련 있는 재정통합, 효율성과 형평성의 조화가 중요한 토지 부문, 재원 제약이 따르는 인프라 개발에 대한 장은 이런 시각에서 집필되었다.

제1장 박진의 연구는 미래의 시점, 즉 2030년 시점에서 남북 경제통합 과정을 조망한다. 좀 더 구체적으로 이 시점에서 남한과 북한 사이에는 교역 증가와 아울러 단일경제권으로의 제도적 통합이 진행될 것으로 가정하면서 통합 방향과 속도를 논의한다. 이 연구에 따르면 이행과 통합의 방향과 속도에 따라 즉각 이식형, 즉각 수렴형, 단계적 이식형, 단계적 수렴형의 네 가지 전략이 유추될 수 있으며, 여러 요인이 통합전략의 선택에 영향을 미칠 수 있다. 이 선택을 결정하는 가장 중요한 변수로는 남한의 사회보장제도를 상정한다. 만약 남한의 사회보장제도가 현재와 유사한 방식을 유지한다면 남북한 경제통합 시 막대한 사회보장재원이 요구된다. 따라서 더 폭넓은 그러나 새로운 피편입자에게는 좀 더 낮은 혜택을 제공하는 방식으로 남한의 사회보

장제도를 개혁하면서 북한 주민을 이 제도에 편입하는 것이 필요하다고 주장한다. 이 연구는 남북한 통합이 단계적 수렴형으로 이루어져야 한다고 제시한다.

제2장 김병연의 연구는 점진적 체제이행과 경제통합전략을 개관하고 이를 초기·중기·후기 그리고 준비기·시작기·진행기·완료기로 나누어 각 단계에서 실행해야 할 정책을 나열하고 필요성을 설명한다. 또한 북한의 자생적 성장을 촉진하기 위해 남북 경제통합은 북한의 체제이행 단계와 유기적으로 결합시킬 것을 주장한다. 예를 들어 체제이행 초기 단계에서는 집단농장의 가족농 전환, 계약책임제 시행, 투자 자유와 교환 자유를 실질적으로 인정하는 정책 등을 펴고 이에 조응하는 단계인 남북 경제통합 준비기에 북한 주민 구호와 인적·제도적 역량 구축, 인적 자본 보존 등을 위한 정책을 집행하는 것이다. 그리고 체제이행 중기에 이르면 가격자유화, 무역자유화, 이원적 은행제도 구축, 소규모 사유화, 법·제도 정비, 국제금융기구 가입 추진 등을 시행하며, 이와 맞물리는 남북 경제통합 시작기에는 남북 산업협력, 즉 사회간접자본 투자와 건설, 공동 자원 개발 등을 진행한다는 계획이다. 또한 체제이행 후기는 남북통합 진행기와 연결되며 완전한 남북 경제통합은 북한 체제이행을 완료한 이후 이루어나갈 것을 제안한다.

제3장 양운철의 연구는 남북 경제통합이 급진적, 즉 선통일 후전환 방식으로 이루어진다는 가정 아래 북한의 국유기업 사유화를 다룬다. 급진적 사유화와 점진적 사유화의 가장 큰 차이는 사유화 방법보다는 국유기업의 존속기간과 비국유기업의 진입 혹은 성장 속도에 달려 있다. 이런 의미에서 좀 더 어려운 시나리오인 급진적 사유화를 검토하면 점진적 사유화에도 적절한 변용을 거쳐 이를 적용할 수 있다. 특히 북한의 경우 중국의 개혁 시작 단계에서와는 달리 산업기반이 거대 군수기업과 중화학공업 중심이기 때문에 농업개혁에서부터 시작하여 비국유 기업 형성 및 성장, 그리고 국유와 비국유 기

업의 경쟁을 거쳐 국유기업의 구조조정과 점진적 사유화 방식으로 진행되는 이행의 편익이 상대적으로 크지 않다. 양운철의 연구는 러시아와 동유럽의 사유화 과정에서 공통점으로 발견되었던 절차, 즉 기업의 실사와 사유화법 신설, 기업 청산 및 지원 그리고 사유화 실시 등의 순으로 사유화를 진행하되 대기업 사유화는 경매 방식으로 진행할 것을 제안한다. 그리고 특히 사유화 과정에서 중요한 점은 구조조정으로 오는 단기적 충격 완화와 대외경쟁력 확보 사이에서 적절한 균형을 맞추는 것이며 임금보조금이 이를 위한 정책 도구가 될 수 있음을 제안한다.

제4장 박영철의 연구는 토지 부문의 남북 통합정책을 논의한다. 이 연구는 먼저 토지 부문 통합의 네 가지 원칙(국가목표 달성 기여, 형평성과 효율성의 조화, 경제 활성화 기여, 난개발과 토지투기 억제)을 제시한다. 이를 위해 북한 지역의 토지조사를 실시하고 토지소유 및 이용체계 개편을 단계적으로 추진한다. 몰수토지를 처리하는 방안에 대해서는 원소유주에 대한 적절한 보상이 원상 복귀나 원소유주 소유와 보상 파기보다 선호되는 방안임을 주장한다. 그리고 법적 개혁으로서 통일토지법을 제정하며 행정적으로 북한 지역의 토지를 관리하는 전담 기구 설립의 중요성을 강조한다.

마지막으로 북한의 인프라 개발을 다루는 제5장 이상준의 연구는 북한의 인프라 수준은 남한의 1970~1980년대에 해당한다고 진단하며 북한 인프라 현대화에는 20년가량의 기간이 소요될 것으로 전망한다. 그리고 북한 인프라 개발의 우선순위를 여러 원칙에 입각해 제시한다. 예를 들어 식량, 의료 등 기본적인 생활보장 지원 인프라를 확보하는 것이 가장 시급하며, 남북 경제협력의 선순환 구도에 기여하는 인프라를 개발하고 파급효과가 가장 큰 부문과 지역의 인프라 개발을 우선 추진한다는 것이 그것이다. 또한 전체적인 한반도 발전축은 서해안축과 동해안축을 따라 산업단지·수송·에너지 인프라가 연계되도록 통합 개발 추진을 제시한다. 더 나아가 인프라 개발은 단계적으로 이루어져야 하며 이에 걸맞은 인프라 개발을 남북 경제통합의 준비기·시작기·진행기·완성기로 나누어 검토한다.

이 책의 연구는 북한의 시장경제로 체제전환과 남북한 경제통합이라는 두 축을 동시에 유기적으로 고려한다는 측면에서 기존 연구와 차별된다. 사실 북한이 성공적으로 변화하려면 체제전환, 경제개발, 경제통합이라는 세 가지 과제가 모두 해결되어야 한다. 그러나 그동안 연구는 이상의 각각 주제에 대해, 그것도 관련 주제를 포괄하기보다 일부 주제에 대해 부분적으로 연구했다. 이 연구는 북한의 체제전환과 경제통합 모형에서 시작해 기업 사유화, 금융, 재정, 토지, 인프라까지 비교적 포괄적인 주제를 논의한다는 점에서도 특징이 있다.

그럼에도 이 책에 여전히 미진한 부분이 있는 것은 사실이다. 체제전환 혹은 경제통합 모형과 각 부문의 논의 일관성이 부족하며 가격자유화 등 일부 중요한 체제이행 정책이나 노동시장 등 일부 통합 대상도 논의에서 제외되어 있다. 물론 내용상 완성도 높은 책을 출간하는 것도 중요하지만 학문적 논의의 틀을 제공하고 정책 수립에 기여하려면 출판의 시의성도 매우 중요하다. 북한 최고 권력자 교체 후 새로운 생존 전략 모색, 남북 관계의 변화 가능성, 국제 정치 지형의 변화 등은 저자들로 하여금 시의성의 중요함을 더욱 확신하게 만들었다. 이 책이 학계에서의 학문적 발전뿐만 아니라 정책적 측면에서 북한 요인의 불확실성을 감소시키고 향후 북한이 가져다줄 충격의 편익을 극대화하는 정책을 수립하는 데 기여할 수 있다면 저자들의 보람은 더할 나위 없을 것이다.

2015년 10월
서울대학교 경제학부 교수
김병연

남북 경제통합의 전략 방향

박진 | KDI국제정책대학원 교수

1. 남북 경제통합전략

경제통합이란 크게 남북한 제도가 통합되는 측면과 행정조직이 통합되는 측면으로 나누어볼 수 있다. 이 장은 통합의 다양한 유형을 알아보고 독일의 사례를 참고해 한국에 가장 유리한 통합전략을 모색하고자 작성되었다.

1) 제도적 측면의 통합전략

이는 경제통합을 남북한의 상이한 제도가 통합되는 과정으로서 살피는 것으로, 통합의 방향과 속도라는 두 가지 차원으로 나눌 수 있다. 먼저 통합의 방향은 남한 제도를 그대로 북한에 이식하는 이식형, 남북한 제도를 서로 변화시켜 제3의 제도로 수렴·통합하는 수렴형으로 구분된다. 남한이 북한의 제도를 수용하는 방향은 현실성이 낮으므로 이 글의 논의에서는 제외한다. 남한이 주도하는 통합이 이루어질 경우 남한 제도가 북한에 그대로 이식될 가

〈표 1-1〉 네 가지 통합전략

구분	남한 제도를 그대로 통일한국에 적용(이식형)	남한 제도를 변화시켜 통일한국에 적용(수렴형)
남북한에 동일한 제도를 즉각 적용(즉각통합)	① 이식형 즉각통합	③ 수렴형 즉각통합
남북한에 상이한 제도를 한시 운영(점진통합)	② 이식형 점진통합	④ 수렴형 점진통합

능성이 높다고 보아야 한다. 그러나 미래의 남한 제도가 통일한국에 그대로 적용되기 어렵다면 남한 제도 역시 어느 정도는 변화해야 한다. 이식형과 수렴형 가운데 어느 방식이 적합한지는 남북한이 통합을 결정하는 시점에 확정하면 될 것이다.

통합전략의 두 번째 요소는 통합의 속도이다. 남북한의 제도를 즉각통합하는 방식과 일정 기간 남북한의 제도를 분리해 운영하다가 여건이 갖추어질 경우 통합하는 방식으로 구분된다. 이때 남북한 제도의 분리는 남북한의 인구이동을 금지하는 것이 아니라 지역에 따라 제도를 별도로 적용하는 것을 말한다. 통합이 합의되고 심지어 남북한이 완전한 정치적 통일을 이루더라도 남북한에 상이한 제도가 적용될 수 있다. 예컨대 미국은 정치적으로 통일된 국가이나 뉴욕 주와 캘리포니아 주의 고용보험은 서로 체계가 다르다. 이와 같이 남북한의 제도를 한시적으로 분리 운영하는 이유는 통합의 충격을 최소화하기 위한 것이다. 사회보장제도, 노동조건 등이 통합과 함께 남북한에 동시 적용되는 것은 큰 혼란을 불러일으킬 수 있다. 남북한의 경제통합전략은 〈표 1-1〉에서 보는 바와 같이 네 가지로 구분된다.

첫째, 이식형 즉각통합은 남한의 제도를 통합 합의와 함께 즉시 북한에 적용하는 방식이다. 통합이 합의되면서 발족한 통합추진기구를 통해 북한 지역의 각종 제도를 무력화하고 남한의 제도를 큰 준비 과정 없이 그대로 이식한다는 전략이다. 통일독일이 이에 해당한다.

둘째, 이식형 점진통합은 통합 합의 이후에도 남북한에 다른 제도를 상당 기간 적용하면서 그 기간에 북한의 제도를 남한 형태로 전환한 후 통합하는 방식이다. 남한의 제도가 북한에 그대로 이식된다는 점에서는 이식전략이나 통합 합의 이후 북한 지역의 체제전환을 먼저 추진한 다음 통합한다는 점에서 이식형 즉각통합과는 차별화한다.

셋째, 수렴형 즉각통합은 통일한국에 적용될 제3의 제도를 통합 합의와 함께 남북한에 즉시 적용하는 방식이다. 북한은 물론 남한에도 새로운 제도를 도입한다는 점에서 이식형과 차별화한다. 남북한이 제3의 제도를 합의에 의해 도출하고 통합과 함께 이를 바로 남북한에 동시 적용하는 것이다. 남북한의 합의에 의한 통일이 진행될 경우 가장 이상적인 전략으로 볼 수 있다. 그러나 통합 결정과 함께 제3의 제도에 대한 합의도 이룬다는 것은 그다지 쉽지 않다.

넷째, 수렴형 점진통합은 남북한에 제3의 제도를 도입한다는 점에서는 수렴 방식의 특징을 나타낸다. 그러나 통합 합의 이후에도 남북한이 서로 상이한 제도를 상당 기간 유지하면서 공동의 추진기구 아래 제3의 제도에 대한 합의를 추진한다는 점이 다르다. 이 통합전략은 한시적 분리 운영이 필요하다는 점에서는 점진통합의 특징을 띤다. 그러나 분리 운영 기간에서 북한의 제도만 변화시키는 것이 아니라 남한의 제도에도 상당한 변화를 꾀해야 한다는 점에서 이식형이 아니라 수렴형인 것이다. 이는 북한의 제도는 물론 남한의 제도 역시 통일한국을 전제로 할 때는 적합하지 않다고 판단되는 상황이다.

2) 정부형태 측면의 통합전략

남북한이 통합되면 제도의 통합과 함께 행정기구도 통합되어야 한다. 여기에도 세 가지 유형이 있다. 첫째, 전면 행정통합이다. 북한의 각 시·도가 남한의 각 시·도와 같이 통일한국의 지방정부로 그대로 편입되는 통합이 가능하다. 이 경우 북한의 중앙정부는 소멸되고 남한의 중앙정부가 통일한국의 중앙정부가 될 것이다. 북한 지역의 지방정부는 현재 남한과 같이 광역·기초 두 단계로 되어 있으므로 외형적 기본 골격은 유지한다. 이와 같은 통합 방식의 경우 남북한 간 인구이동은 막기 어렵다고 보아야 한다. 독일도 이런 방식으로 통합되었다. 전면 행정통합의 경우는 남한 주도의 통일이 전제이므로 즉각통합과 연계될 가능성이 많다.

둘째, 북한의 분리 운영 행정통합이다. 남한의 중앙정부가 통일한국의 중앙정부가 되며 북한 지역을 총괄하는 지방정부, 가칭 북한특별행정주가 별도 수립되는 경우이다.[1] 이때 북한 지역을 총괄하는 지방조직은 남한 중앙정부의 통제를 받게 될 것이다. 홍콩이 중국의 일부이나 행정체계는 별도로 존재하는 것과 같이 북한도 통일한국의 중앙정부 관할 아래 있으나 어느 정도의 독자성을 부여받는 형태이다. 이와 같이 북한을 총괄하는 별도의 행정조직을 두는 이유는 북한 지역을 남한 지역과 차별적으로 운영하기 위함이다. 이런 점에서는 점진통합이 적용될 개연성이 높다. 그러나 북한 지역을 별도의 행정구역으로 지정한다고 해서 인구이동까지 제한된다고 보기는 어렵다. 물론 이상의 전면 행정통합에 비해 그 가능성은 높아진다고 보아야 할 것이다. 북한 분리 운영 행정통합도 남한 주도의 통일을 전제로 한다.

북한특별행정주는 중앙정부가 북한 지역을 별도로 관리하기 위해 설정한 편의상 행정구역이다. 따라서 통일한국의 중앙정부가 주지사를 임명하고 권한 대부분도 중앙정부에 귀속해야 한다. 중앙정부와 북한특별행정주는 현재 남한의 중앙정부·지방정부와 같은 관계이므로 통일한국의 내각 및 국회에서

---

1) 장기적으로 북한특별행정주는 폐지되고 북한 내 모든 지방정부가 남한 내 지방정부와 동일한 자격으로 편입되어야 할 것이다. 그 시점은 북한 내 지역에 대해 남한과 동일한 제도를 도입해도 무방하다고 판단되는 때이다.

<표 1-2> 정부통합 방식 비교

구분	전면 행정통합	북한 분리 운영	연방제 행정통합
외국 사례	독일	중국·홍콩	미국
북한 중앙정부	소멸	극히 일부 존속	존속
남한 중앙정부	통일 중앙정부	통일 중앙정부	지방정부
인구이동 제한 가능성	제한 불가능	제한 가능	제한 가능
남북한 간 상이한 제도적용	불가능	가능	가능
가장 관련성 높은 제도 통합 방식	이식형 즉각통합	(이식형·수렴형) 점진통합	수렴형 점진통합

제정하는 법률의 적용을 받는다. 북한특별행정주는 북한 지역 내 시·도에 대한 연락 업무를 맡는 정도이므로 조직 규모는 최소한으로 유지되어야 한다. 별도의 지방의회도 없어야 한다. 북한특별행정주의 권한은 현재 홍콩 정부가 행사하는 폭 넓은 자치권과 달리 매우 약한 수준일 것이다.

셋째, 연방정부 행정통합이다. 남북한의 현 중앙정부가 통일한국의 주정부가 되면서 상위 연방정부가 설치되는 경우이다. 남북한이 대등한 관계에서 통합을 이룰 때 가능한 모델이다. 미국의 각 주가 모여 형성된 현재 연방국가가 그 예이다. 이 경우에는 현재의 남북한 정부가 그대로 존속한다. 남북한 간 인구이동을 제한할 여지도 상대적으로 높다. 이는 앞서 살펴본 수렴형 점진통합에 적합한 통합 방식이다. 남북한이 연방을 유지하는 것은 서로 체제를 유사하게 변화시킨 후 통합하는 데 유리하기 때문이다.

이렇게 보면 통합전략은 남한의 제도를 북한에 즉각이식하는 전면 행정통합 방식, 북한을 행정적으로 분리 운영하면서 북한의 제도를 변화시킨 후 남한의 제도를 이식하는 방식, 연방제를 이루어 남북한의 제도를 공히 변화시킨 후 바람직한 제3의 방식으로 통합하는 방식으로 구성된다.

2. 남북 통합의 기본 전략

통합전략의 기준은 통합 목표를 극대화하는 것이고, 통합 목표는 통합 편익은 극대화하고 비용은 최소화하는 것이다. 남북한 통합 편익은 남한 시각에서 보면 국토 확장으로 인한 대륙으로의 연결, 지하자원의 확보, 싸고 젊은 노동력의 유입, 새로운 투자수요 발생 등이다. 북한 입장에서는 기술과 자본의 도입, 재정지원의 유입, 국방비 지출의 감소를 누릴 것이다. 반면 통합과정 비용은 앞서 독일의 예와 같이 사회보장지출과 사회간접자본 등 투자지출이 대부분을 차지한다.

1) 통합의 속도: 즉각통합 vs. 점진통합

통합의 속도 측면에서 남북한 통합의 편익을 극대화하고 비용은 최소화하는 전략은 무엇일까? 먼저 남한 주도의 통합을 전제로 남한의 편익 가운데 통합전략에 영향을 받는 것은 무엇일까? 대북투자 활성화 이외의 편익은 통합전략에 별로 영향을 받지 않을 것이다. 대북투자 확대는 북한 지역 재건계획의 핵심이다. 이를 위해서는 임금수준을 안정적으로 유지하고 사회간접자본 등 투자 여건을 개선하는 것이 가장 중요하다. 그간 낙후된 북한의 사회간접자본시설로 볼 때 이에 따르는 재원소요는 막대할 것으로 예상된다. 일부는 정부 재정에서 지출되어야 하겠으나 민간과 국제사회의 참여는 불가피한 선택이 될 것이다. 따라서 정부는 민간 참여를 촉진하는 제도를 정비하고 국제사회 참여를 위한 외교적 노력에도 힘을 기울여야 한다.

북한에 대한 투자를 촉진하기 위해 사회간접자본을 확충하는 등 물적 기반을 제공하는 것은 북한 지역 개발 차원에서 필요한 범정부적 사업이다.[2] 그러나 북한 지역에 생산시설을 짓는 것은 기업의 일이다. 기업의 대북투자

유인을 유지하기 위해서는 북한 지역의 임금을 낮게 유지할 필요가 있다. 만약 남북한의 노동제도, 사회보장제도가 짧은 시간 내에 동질화한다면 북한의 노동비용이 급격히 상승하게 된다. 따라서 남북통합의 편익을 극대화하기 위해서는 남북한의 제도를 한시적으로 분리하는 점진형 통합이 나을 것이다.

사회통합 비용의 대부분을 차지할 사회보장비용은 남북한에 별도의 사회보장제도를 적용할 때 최소화할 수 있다. 남북한의 사회보장제도를 일거에 동일화하는 것은 남북한 사회보장제도의 합집합으로 결론 날 가능성이 높다. 기존에 혜택을 보던 계층의 기득권을 박탈하기는 어렵기 때문이다. 남북한에 사회보장에 대한 수요 차이가 있다는 점도 고려해야 한다. 이렇게 보면 남북한의 사회보장제도를 상당 기간 별도로 운영하는 점진통합이 낫다. 결론적으로 통합의 편익을 극대화하고 비용을 최소화하는 방안은 점진통합이다.

2) 통합의 방향: 이식형 vs. 수렴형

그렇다면 남북한의 제도를 분리 운영하는 과정에서 남한의 제도 역시 변화시킬 필요가 있을까? 다시 말해 점진통합에서 이식형과 수렴형 가운데 어느 전략을 선택해야 할 것인가?

사회보장제도의 통합전략으로는 이식형보다는 수렴형이 적절할 것이다. 즉, 남한의 제도를 통일한국에 그대로 적용하기보다는 남한의 제도도 어느 정도 변화시킨 후 북한의 제도와 통합해야 한다는 의미이다. 남한과 북한의 사회보장제도를 비교할 때 상대적으로 남한의 사회보장이 수혜대상은 좁고, 보장수준은 깊을 가능성이 크다. 따라서 통합 이후 북한 주민 가운데 남한 사

---

2) 북한 지역의 사회간접자본시설 확충, 시장확보, 유력입지·유망사업 등 북한 지역에 대한 정보 제공, 북한 인력 공급, 관련 전후방 산업과의 연계망 확보, 투자절차 간소화, 금융 지원 등이 그 예가 될 것이다.

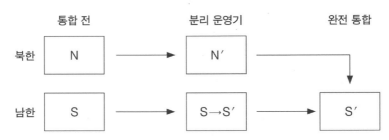

〈그림 1-1〉 남북한 통합모형

	통합 전	분리 운영기	완전 통합
북한	N	N′	
남한	S	S→S′	S′

자료: 박진(1997).

〈그림 1-2〉 분리 운영기에서 남한 사회보장제도의 변화 방향

		새로 추가되는 사회보장 수혜계층	
	기존 남한의 사회보장 수혜계층	소규모 재정소요 예상 서비스	대규모 재정소요 예상 서비스
사회 보장 수준			

회보장제도의 수혜를 받지 못하는 문제가 있을 수 있다. 아울러 남한의 제도는 북한에 비해 보장의 정도가 깊어, 그러한 수준으로 모든 북한 주민을 지원할 경우 막대한 재정적 부담을 안게 될 것이다. 이런 점에서 남한의 제도를 통일한국에 그대로 적용하기보다는 남한 제도의 폭을 넓히고 깊이는 조정하는 변화를 꾀한 상태에서 남북한에 동일한 사회보장제도를 도입해야 한다. 이렇게 보면 수렴형 점진통합이 가장 적합한 통합전략이다. 이를 도표화하면 〈그림 1-1〉과 같다.

이때 남한 사회보장제도가 추구해야 할 변화의 방향은 일단 보장 대상의 폭을 넓히되 재정적 부담을 염두에 두고 새로운 보장 대상에 대해서는 북한과 같이 지원 수준을 낮게 유지하는 전략이다. 반면 기존 사회보장제도의 지원 정도를 낮추는 일은 매우 어려울 것이다. 통합 후 재정건전성을 위해 당분간 지원 수준을 높이지 않고 동결하는 용단이 필요하다.

3) 정부형태 측면의 통합전략

수렴형 점진통합이 이 글의 결론이라면 행정통합은 절충형과 연방형 가운데 어느 쪽이 바람직할 것인가? 절충형은 연방형에 비해 북한의 중앙정부를 어느 정도 유지할 수 있다는 점이 다르다. 북한의 중앙정부를 일부 유지하는 것은 통합 시 북한의 연속성과 자존심을 유지하는 데는 유리할 수 있으나 남한 주도로 통합을 이루어가는 데는 걸림돌이 될 수 있다.[3]

절충형과 연방형은 통합 합의 시점의 남북한 경제체제 차이와 주도 과정에 달려 있다. 연방형은 통합이 남북한 간 대등하게 진행될 경우에 해당한다. 이때는 남북한의 체제가 통합 결정 시점에 매우 유사한 수준으로 근접해 있다고 보아야 할 것이다. 반면 절충형은 통합이 남한 주도로 이루어지는 경우에 가능한 방식이다. 한국 정부가 통일한국의 중앙정부로 남는다는 점에서 연방제와 차별화한다. 두 형태가 북한 지역을 남한과 별도의 행정단위로 분리한다는 점에서는 같으나 절충형은 남한 주도로 이루어지는 반면 연방형에서는 남북한이 대등한 입장에서 통합절차를 관리한다는 점이 다르다. 이러한 점에서 행정통합의 형태는 한국의 선택이라기보다는 통합을 합의하는 시점의 주도권에 따라 결정될 가능성이 크다. 그러나 우리가 그중 하나를 선택할 수 있다면 어떤 결정을 내려야 할 것인가?

행정통합의 선택 목표 역시 통합의 편익·비용을 극대화하는 것이다. 연방

---

[3] 반면 북한의 지방정부는 대부분 그대로 유지하는 것이 좋다고 생각한다. 지방행정의 연속성과 지역 주민의 자존심을 유지하기 위해서이다.

형은 북한의 중앙정부가 대부분 남아 있다는 점에서 남한 측의 통합편익을 극대화하는 데는 다소 불리하다. 남한의 주정부가 통합의 편익을 극대화하기 위한 방향이 있어도 연방정부에서 이를 승인하지 않을 가능성도 있다. 예컨대 북한의 지하자원 개발, 인력 활용, 나아가 사회간접자본시설 건설 등에서 남북한 주정부가 서로 이견이 있을 수 있기 때문이다. 아울러 연방형은 남한의 통합비용을 최소화하는 데도 불리하다. 대등한 입장에서 협상을 하다 보면 북한 지역에 유리한 사회보장제도에 합의하게 될 가능성이 있기 때문이다. 또한 남북한 2개의 주정부로 연방을 구성하면 연방정부의 역할이 매우 제한적이 된다. 남북한 통합을 준비하는 과도위원회 정도의 역할에 그칠 가능성이 많다. 연방정부의 힘이 약해지면 실질적 남북통합을 추진하는 동력이 약화될 수도 있다. 끝으로 북한의 중앙정부 인력이 연방제 아래에서 대부분 존속하는 것은 북한의 체제전환을 위해 별로 바람직하지 않다.

이상의 이유로 이 글은 절충식 방안이 가장 바람직한 방안이라고 생각한다. 북한 지역(가칭 북한특별행정주)을 남한 지역과는 다른 별도의 행정구역으로 지정하는 방식이다. 흡수 방식의 경우에는 남북한 간 상이한 제도를 적용하는 것이 불가능하므로 남한의 제도가 그대로 북한에 이식되어야 한다. 그러나 이는 상당한 경제적 비용과 혼란을 유발할 것으로 판단된다. 반대로 연방제에 의한 통합은 통합으로 인한 편익을 극대화하고 비용을 최소화하는 데 걸림돌이 될 가능성이 많다. 절충형 행정통합은 남한 주도의 통합 과정을 보장하면서도 남북한에 상이한 제도를 적용할 수 있게 할 것으로 기대된다.

3. 재정 부문 통합전략

1) 재정지출 통합전략

국가 활동의 기본은 재정이다. 남북한 재정통합의 기본 원칙은 아래와 같다. 첫째, 재정통합의 목표는 북한 지역 개발과 통일한국의 경제사회 안정에 두어야 한다. 북한 지역 개발을 위해 과감한 재정지출은 불가피하나 과도한 재정적자로 통일한국의 경제적 안정성이 심각하게 훼손되는 것은 남북한 모두를 위해 바람직하지 않다.

둘째, 북한특별행정주에는 남한의 제도를 그대로 이식하기보다는 북한 지역의 여건에 부합하도록 변형된 제도를 도입해야 한다. 현재 남한에 있는 사회보장제도나 사회보험을 그대로 북한에 적용하면 막대한 비용이 소요될 것이다. 예컨대 북한의 소득수준을 고려할 때 한국의 4인 가족 기준으로 최저생계비를 북한에 적용하면 거의 모든 북한 지역 주민을 기초생활수급자로 분류하는 결과를 초래할 수 있다. 이 글은 재정과 관련해 각종 제도를 북한 지역에 어떻게 변형시켜 적용할 것인지에 대한 해답을 추구한다.

셋째, 장기적으로는 남북한 지역에 동일한 제도를 도입하기 위해 북한 내 제도를 남한과 수렴시켜나가는 노력을 기울여야 한다. 남북한 지역의 제도를 다르게 운영하는 것은 완전한 제도 통합으로 나아가는 중간 단계에 지나지 않는다. 따라서 그 기간 중 북한 제도를 남한 제도와 일치시켜나가는 단계적 제도전환 프로그램이 마련되어 있어야 한다. 물론 이 기간에 수렴형 점진통합의 정신에 따라 남한 제도에도 필요한 손질을 해야 한다.

독일은 동독 주민의 이주를 억제하기 위해 동독 지역의 임금수준을 생산성 수준 이상으로 높게 유지하고 동독 지역에 대한 막대한 사회보장지출을 감수하는 통합모형이었다. 독일 정부는 1992년 동독 지역으로 국민총생산

(gross national product: GNP)의 약 5%를 이전했는데, 그중 49%가 사회보장 관련 지출이었으며 그중 3/4 이상이 실업급여 등 소득보장을 위한 지출이었다.[4] 이에 따라 이주는 몇 년 만에 진정되었으나 이로 인해 투자부진과 재정적자라는 두 가지 부작용을 안게 되었다. 투자부진은 독일의 자생적인 경제발전을 가로막는 요인이 되었고 재정적자는 연방정부의 부담으로 남아 결국 동독 지역 경제에도 악영향을 미쳤다.

통합된 한국의 기본 재정모형은 북한 지역에 대한 적정 임금수준을 유지하고 이를 통해 고용을 창출함으로써 북한 주민의 이주를 억제하는 모형이어야 한다. 그 과정에서 북한 지역에는 남한과 다른 사회보장제도를 도입해 과도한 사회보장 등 재정지출을 최대한 억제해야 한다. 이때 단기적으로는 독일 모형에 비해 이주 억제 효과가 작을 수 있다. 다음에서 상술하겠으나 사회보장제도 적용에서 남한으로 이주한 사람이 상대적 불이익을 받도록 하는 방안을 강구할 경우 이 문제를 어느 정도는 보완할 수 있으리라 기대된다.

(1) 사회보험 통합

사회보장 분야는 통일 후 가장 높은 재정소요를 나타낼 것으로 여겨지는 분야이다. 지출 분야의 통합 논의에서 가장 중요하다고 볼 수 있다. 사회보장제도는 크게 사회보험, 공적부조, 사회복지서비스로 나눌 수 있다.[5] 이 중 제도 통합으로 가장 의미가 있는 것은 사회보험 분야이다.

---

4) 통일 직후 구동독의 실질 GDP가 매년 30%씩 감소했음에도 구동독의 민간소비가 3% 내외로 성장한 배경도 결국 이러한 소득보장과 관련된 이전지출 때문이었다.

5) 사회보험은 연금, 의료보험, 산업재해보험, 고용보험을 말하는데, 가입자와 고용주의 기여금으로 운영된다. 공적부조는 국가가 노동불능자나 생활빈곤자의 최저생활을 보장하는 제도로서 국가재정으로 운영된다. 사회복지서비스는 사회복지시설을 통한 노인, 장애자, 아동 등에 대한 보호서비스로서 역시 국가재정이 담당한다.

남북통합 후 현재 북한의 사회보장시스템은 붕괴할 것으로 전망된다. 먼저 남북통합 후에는 국영기업 대부분이 파산 상태에 빠질 것으로 보여 대부분 실업인구가 될 가능성이 많다.[6] 이와 함께 북한에는 120만 명으로 추산되는 군(軍) 인력이 있으며 남북통합 후 대규모 감군이 예상되므로 실업은 매우 심각한 문제로 떠오를 것이다. 또한 국가 배급시스템 역시 크게 약화되어가고 있다. 아래에서는 이런 상황 아래 남북한 간 사회보험 통합에 대해 알아보기로 한다.[7]

한국은 연금, 의료, 고용, 산재 등 4대 사회보험에 각각 기금이 있는 데 비해 북한은 모두 일반재정에 포괄되어 있다. 이런 점에서 북한은 통합과 함께 4대 사회보험을 도입해야 하지만, 잠정적으로 현재 사회보험에 가입되어 있다고 간주해야 한다.

사회보험제도 통합에는 크게 세 가지 단계가 있다. 먼저 제1단계 통합은 남북한이 상이한 사회보험제도를 유지하나 이주민에 대한 권리를 인정하고 있는 경우를 일컫는다. 유럽연합(European Union: EU)은 바로 이러한 제1단계 통합을 이룬 대표적 예이다. 제2단계 통합은 남북한 사회보험 간에 재정적 보조가 있는 경우를 말한다. 미국의 실업보험(unemployment insurance)이 대표적인 예로서, 미국은 각 주마다 법률로 보험료와 실업급여를 정하고 주별로 별도 계정이 있다. 그러나 그중 일부는 연방정부에 귀속되어 활용됨으로써 주(州) 간 재정보조, 즉 제2단계 통합 상태를 나타낸다. 제3단계 통합은 남북한 간 동일한 사회보험제도가 적용되는 상태를 말한다. 한 나라에서도 미국의 실업보험과 같이 제3단계 통합이 되지 않은 사례가 있다.[8]

---

6) 1980년대 동구 사회주의권의 불필요 노동력 규모는 20~30%에 달했으며 북한은 이보다 높을 것으로 보인다(조동호, 1993b).
7) 이하 논의는 박진·이유수(1994)의 제3장을 토대로 작성했으나 주요 내용에서 변화가 다소 있다.

이 글은 일정 기간 제3단계 통합, 즉 완전한 제도적 일치를 추구해서는 안 된다는 입장이다. 남북한 간에 상이한 규정을 두는 것은 통합 후 사회보험 재원소요가 급증하는 것을 막는 효과가 있다. 그러나 남한은 통일한국의 일반 재정을 통해 북한의 사회보험 계정에 대한 재정지원을 할 필요가 있다. 다시 말해 제2단계 통합을 이루어야 한다.

남북한 간 제1단계 통합, 즉 이주민에 대한 규정이 필요하다. 남한으로 이주하는 북한 주민에 대한 사회보험 적용기준이 있어야 하기 때문이다. 국제노동기구(International Labor Organization: ILO)의 4대 원칙에 따른 기본 방향은 다음과 같다. 첫째, 남한의 사회보험제도에 편입된 북한 주민은 차별 없는 권리를 갖는다. 그러나 이하 상술하겠으나 모든 북한 주민이 남한의 사회보험에 편입되는 것은 아니므로 주의를 요한다. 둘째, 모든 노동자는 사업장이 위치한 지역의 사회보험법을 적용받는다는 적용법의 결정 원칙에 따라, 남한으로 이주해 취업한 북한 출신자도 남한 법의 적용을 받는다. 즉, 통합 후 개성에서 파주로 출퇴근하는 북한 주민은 남한의 사회보험법을 적용받는다.

셋째, '획득권리 유지 원칙'에 따라 북한에서 획득한 사회보험 권리는 남한으로 이주한 후에도 인정받는다. 단, 북한의 사회보험 적용을 받는다. 즉, 북한에서 연금을 받던 사람이 남한으로 이주한 경우 남한 지역에 거주하면서 북한의 사회보험이 지급하는 연금을 계속 수령한다. 이 글은 고용보험의 경우 이러한 획득권리 유지를 인정하지 않아야 한다고 본다. 다시 말해 북한에서 실업 상태에 놓여 보험금을 받던 사람이 남한으로 이주하면 보험금 지급을 중단한다는 것이다. 연금·산재·의료보험과 달리 고용보험은 구직 노력, 취업 여부가 보험금 지급의 전제이다. 그러나 남한으로 이주한 사람이 이러

---

8) 한국의 연금제도는 네 가지 연금제도와 기금으로 분리되어 있으나 이는 가입자에 따른 분류일 뿐 지역적으로는 차이가 없으므로 제3단계 통합된 상태이다.

한 노력을 기울이고 있는지 파악하는 것은 쉽지 않을 것이다. 또한 이러한 규정은 북한 지역 내 실업자의 남한 이주를 제한하는 효과가 있을 것으로 기대된다. 실업자의 이주 성향이 상대적으로 높을 것이므로 이러한 제한의 이주 억제 효과가 클 것이다.

넷째, '획득 과정 중의 권리 유지 원칙'에 의해 북한에서 축적하고 있던 가입기간이 남한으로 이주해 취업한 경우 그대로 승계된다. 즉, 북한에서 10년 일하다 남한으로 이주해 또 10년을 일한 사람은 남한의 연금제도에 의해 20년을 납부한 것으로 간주해야 한다는 것이다. 고용보험에도 획득 과정 중의 권리 유지 원칙을 적용해야 한다.[9] 북한 주민에게는 그간 완전고용에 따라 고용보험의 수혜자격이 모두 충족되었다고 보아야 할 것이다. 만약 획득 과정 중의 권리 유지 원칙을 인정하면 북한에서 직업이 있던 사람이 실업 상태를 거치지 않고 바로 남한에서 취업힌 직후 곧바로 다시 실업을 맞아도 남한 고용보험의 적용을 받는다. 만약 이를 인정하지 않는다면 이주 후 사회부적응을 겪고 있는 북한 이주민이 사회보험에서 소외되는 문제가 발생한다.

(2) 소득보장[10]

소득보장이 문제시되는 원인은 대규모 실업과 노동이 불가능한 경우로 나

---

9) 이 점이 박진·이유수(1994)와 달라진 점이다. 당시에는 북한에서 직접을 가지고 있던 사람이 남한의 기업가와 공모하고 취업 후 바로 해고되는 것으로 할 경우 남한 재정에서 고용보험금을 지급해야 하는 남용을 우려해 고용보험에서는 획득 과정 중의 권리 유지를 적용하지 않을 것을 제안한 바 있다. 또한 이러한 제한은 이주보다는 남한으로의 출퇴근을 촉진하는 효과가 있을 것으로도 기대했다. 그러나 국내에 정착한 북한 이탈주민이 겪고 있는 어려움을 고려할 때 북한에서 이주한 사람이 남한에서 직업을 얻은 직후 부적응 문제로 바로 해고될 가능성이 적지 않다고 판단했다. 이들에게 고용보험의 서비스를 제공하지 않는 것은 더 큰 사회문제를 야기할 수 있다는 생각에 당초의 주장을 수정했다

10) 이에 대해서는 박진(1997)의 내용을 요약했으나 일부 내용은 새로 추가되었다.

누어볼 수 있다. 북한은 완전고용을 강조하고 있으며 1978년에는 "실업이 영원히 없어졌다"는 선언을 하기도 했다. 그러나 실제 대부분 직업 소득으로는 생계를 유지하기가 어려운 경우가 많다. 한편 노령, 장애, 질병, 유가족 등 노동불능자의 소득을 보장하기 위해 북한은 연금제도를 적용하고 있다. 반면 한국에서는 실업에 대해 고용보험이 마련되어 있으며 소득불능자에 대해서는 공적부조의 일환으로 생활보호수급제도를 두고 있다.

먼저 노동가능인력에 대해서는 공적부조 방식보다는 고용정책을 통한 소득보장에 치중해야 한다. 고용상태의 노동자에 대해서는 생계비를 보장하는 수준의 최저임금을 설정해야 한다. 물론 그 수준은 남한과는 다르게 책정되어야 한다.

실업인구에 대해서는 고용보험을 적용해 실업급여를 지급하고[11] 취업훈련 및 알선서비스를 제공해야 한다. 북한은 명목상 완전고용을 보장하고 있으므로 모든 북한 노동자들이 고용보험의 요건을 갖추고 있다고 간주해도 좋다. 노동가능인력에 대한 소득보장을 공적부조보다는 고용보험에 의해 달성하도록 하는 이유는 다음과 같다.

첫째, 직업훈련과 알선 같은 고용서비스가 공적부조보다는 고용보험 안에서 잘 수행될 수 있을 것이기 때문이다. 둘째, 북한 주민이 명목상이나마 완전고용 상태에서 직장을 통한 소득보호가 상대적으로 용이하다는 점 때문이다. 노동가능인력을 모두 고용보험의 수혜자로 보면 정부로서는 노동불가능인력만을 공적부조에 의해 보호하면 된다. 셋째, 공적부조에 요구되는 자산조사의 행정비용을 최소화할 수 있다는 장점이 있기 때문이다. 이때 문제는 자산이 있는 실업자에게도 고용보험을 적용하는 것이다. 그러나 통합 후 북

---

11) 물론 실업의 사유가 근로자의 태만, 자발적 퇴사 등 실업급여 미지급 사유에 해당한다면 실업급여가 지급되지 않아야 한다.

한 지역의 자산 소유자는 그다지 많지 않을 것이며 자산이 있는 실업자에게 도 직업훈련과 알선 등 고용서비스는 필요하다. 넷째, 공적부조에 비해 한시 적인 고용보험을 적용하는 것이 취업을 장려하는 효과가 클 것이다. 자산조 사에 의존하는 공적부조는 근로의욕을 약화시킬 뿐 아니라 비공식 부문에서 경제활동을 부추기는 왜곡 문제가 고용보험에 비해 더 크다고 할 수 있다.

북한의 경우 실업급여는 소득수준과 관계없이 최저생계비를 지급하는 것 이 바람직하다. 남한의 고용보험은 실업 직전 임금의 일정비율에 따르도록 되어 있으나 북한에서는 소득수준에 관계없이 최저생계비를 일정 지급하는 것이 합당할 것이다. 급여의 종류는 기본 급여만을 인정하고 여타 수당은 지 급하지 않는 것이 재정안정과 행정 간소화에 도움이 될 듯하다. 급여 지급 기 간도 남한에 비해 길게 유지할 필요가 있으며, 신고 후 급여 지급까지의 대기 기간도 일주일 이내로 최소화하는 것이 좋다.

북한 고용보험에 대한 재정보조는 일단 남한의 고용보험 계정과 일반 계 정이 나누어 맡는다. 통합 초기에는 일반 계정의 역할이 더 클 것이나 북한 지역이 안정화해갈수록 남한의 고용보험 계정이 더 큰 역할을 해야 한다. 한 편 북한의 고용보험에서도 경험요율제(experience rating)12)를 적용해야 한 다. 이를 적용하지 않으면 북한 주민과 북한 내 기업 간 공모에 의한 실업급 여 남용이 발생할 수 있기 때문이다.

이와 함께 가급적 실업을 최소화하는 방안을 채택하는 것이 바람직하다. 북한 지역 내에 일자리가 절대적으로 부족한 상황에서 북한 주민의 실업은 결국 사회보장의 부담으로 돌아오기 때문이다. 이런 점에서 국영기업의 민 영화도 급한 과제는 아니다. 체제전환국의 경험에서도 민영화한 국영기업보

---

12) 기업이 내는 보험료율을 과거 실업급여액 비율 기준으로 차등하는 제도로서 기업의 임 의적 해고를 억제하고 남용의 소지를 제거하려는 의도 아래 설치되었다.

다는 외국투자 기업이나 새로 창업된 기업이 더 중요한 역할을 했음이 밝혀진 바 있다. 군 인력의 대규모 실업인구화도 불가피하다. 그러나 이들 대부분을 사회로 바로 방출하기보다는 무장해제를 시키되 일부는 사회간접자본 건설 등 대규모 사업에 동원하면서 사회로 방출하는 속도를 조절할 필요가 있다. 중앙공무원의 실직은 불가피할 것이나 중하위 지방공무원은 대체로 유지해 행정의 계속성을 유지하는 것이 바람직해 보인다. 끝으로 농민의 경우에도 자작농 혹은 협동농으로 육성해 실업인구화를 막아야 할 것이다.

또한 단기간 동안 북한 주민의 생계를 지원하기 위한 고용창출정책도 필요하다. 민간기업에 의한 제조업 부문의 대북투자는 다소 시간이 소요될 수 있으므로 북한 지역에 대규모 공공사업을 실시해 고용을 창출할 필요가 있다. 특히 상당수의 노후한 북한공장이 폐쇄되고 북한군이 해체됨에 따라 발생할 실업사태에 대비하기 위해서도 대규모 공공사업은 불가피하리라 전망된다. 현재 북한의 열악한 사회간접자본을 감안할 때 도로·철도·항만시설 및 통신망 확충, 댐·발전소 건설, 산림녹화 등 공공사업의 소요는 충분해 보인다. 단, 대규모 적자재정 운영이나 1960년대와 같은 정부 차원의 외자유치에 치중하는 것보다는 국내외 자본시장을 충분히 활용하는 것이 바람직하다는 점을 지적하고 싶다.

한편 노동이 불가능한 인구에 대해서는 연금제도와 공적부조로 대응하는 것이 타당하다. 가장 대표적인 계층은 노령 및 장애인구를 들 수 있다. 북한에서도 이들에게는 연금제도를 통해 최저생활을 보호하고 있다. 먼저 노령 및 장애인구는 연금제도에 포함시켜야 한다. 그리고 이들에 대한 연금급여는 최저생계비 수준을 넘어서지 않도록 해야 한다. 13)

---

13) 통일 후의 동독 지역에서는 연금액이 임금수준보다 빨리 상승해 재정 부담의 한 원인이 된 바 있다. 통일 이후 3년 만인 1993년 동독 지역의 평균임금은 서독의 68%인 데 비해 평균 연금은 86% 수준까지 근접한 바 있다.

북한의 연금제도를 승계해 이를 남한과 별도로 유지해야 한다.[14] 남한의 연금제도는 현재 적립 방식(funded system)으로 운영되고 있는 반면 북한의 연금제도는 부과(賦課) 방식(pay-as-you-go system)으로 운영되고 있다. 남북 통합 후 남한의 연금제도도 부과 방식으로 전환할 것을 건의하고 싶다. 이는 향후 남한의 연금재정 적자요인을 해소하기 위해서도 불가피한 조치이며 남 북통합 시 재원을 마련하는 방편이 될 수도 있을 것이다.

2) 재정수입 통합전략

남북통합 후 재정수입 부문, 특히 조세제도 경우에는 북한의 체제전환과 남한 제도의 통합이 매우 중요하다. 지출 분야는 남북한의 행정부 통합으로 거의 완결되는 데 비해 조세 분야는 북한 지역의 체제전환 속도, 개인과 기업 의 적응 속도, 세무행정체계의 정착 여부 등과 밀접히 연관되기 때문이다.

(1) 조세제도 통합

남북통합 후 궁극적으로는 북한 지역에 남한과 같은 방식의 조세제도가 도입되어야 한다. 그러나 조세제도란 경제체제와 밀접하게 연관되어 있으므 로 남한의 제도가 일거에 이식되는 것은 바람직하지도, 또 가능하지도 않다. 이러한 점에서 남북통합 후 북한 지역에 대한 세무행정체계를 신속히 수립하 는 것은 매우 중요하다. 북한의 지방행정 조직에 세무행정체계를 확산하는 데는 많은 시간이 걸릴 것이므로 초기에는 세목 대부분을 국세로 징수해야 한다. 따라서 북한 내 지방자치단체를 활용하기보다는 국세청의 특별지방행

---

14) 남한의 연금제도를 그대로 북한에 이식한다면 북한에도 공무원, 군인, 사학 교직원 연금 을 만들어야 할 것이다. 그러나 이것이 바람직하지 않다는 것은 자명하다.

〈표 1-3〉 북한의 재정 관련 개선조치 전후 예산수입 항목 비교

변경 전		구분	변경 후
국가기업이익금		통합	국가기업이득금
봉사료수입금			
거래 수입금	국영기업소 생산품 관련	통합	협동단체이득금
	생산협동조합 생산품 관련		
	협동단체이익금		
고정재산 감가상각금		폐지	-
사회보험료 수입		변화 없음	사회보험료 수입
국가재산 판매 및 기타 수입			국가재산 판매 및 기타 수입
-		신설	토지사용료 수입

정기관, 즉 지방청 및 세무서 조직을 북한 지역에 신속히 설립해 국세행정을 담당하도록 해야 한다.

통일 후 북한 지역 내 기업에 대한 세제는 개인에 대한 세제에 비해 상대적으로 쉽게 도입할 수 있을 것이다. 먼저 현재 북한의 국가기업이득금과 협동단체이득금은 법인세로 전환해야 한다. 과거 북한의 주요 수입원이었던 거래수입금은 판매세 성격이 강했으나 이것이 최근에는 국가기업이득금 혹은 협동단체이득금 형태로 전환되었다.

북한 지역에 대한 부가가치세 도입은 북한 지역에 대한 가격자유화가 이루어지고 세무행정체계가 정비된 이후에나 가능할 것이다. 일반적으로 남북한 간에 부가가치세 차이가 있을 경우 북한 지역에서 물건을 구입해 남한 지역에서 재판매하는 문제가 발생할 수 있다. 그러나 남북한의 경우 비무장지대의 존재로 이러한 왜곡 문제가 어느 정도는 완화될 수 있을 것이다. 따라서 지나치게 단기간 내에 무리해서 북한에 남한과 동일한 부가가치세를 도입하려는 노력은 불필요하다.

근로소득세를 북한에 신규 도입하는 것이 가장 시급한 문제가 될 것이다.

초기에는 북한 주민의 소득수준, 세무행정의 부담을 고려해 면세자를 폭 넓게 설정해도 좋겠지만 단계적으로 면세점을 높여가는 것이 좋다. 그 밖에 재산세는 토지 등에 대한 사유화 작업과 그 속도를 같이하겠으나 시급한 사안은 아니다.

(2) 재원조달

통일 후 소요되는 비용 규모에 대한 논의는 이 글의 대상이 아니다. 다만 통일한국에 상당한 타격을 줄 수 있는 규모라는 점은 분명하다.[15) 경제통합에 따른 재정소요를 조달하는 방법은 재정통합의 주요한 이슈이다. 재원조달은 크게 국내조달과 해외조달로 나눌 수 있으며 국내조달은 증세와 국채발행, 다른 예산항목 지출감축으로, 해외조달은 직접투자와 해외차입으로 구성된다. 먼저 사회복지 등 소비성 지출에 사용되는 자금은 국내조달이 바람직하다. 국내조달 방식은 국내 수요를 감소시키는 효과가 해외조달에 비해 상대적으로 크다. 북한 지원을 위한 재원조달이 국내 수요를 감소시키는 효과가 있어야 남북통합으로 인한 인플레이션 압력을 어느 정도 경감시킬 수 있을 듯하다.[16)

반면 북한 지역에 투자하기 위한 재원조달을 위해서는 적극적으로 직접투자와 해외차입을 추진해야 할 것이다. 물론 국내 자본의 대북투자도 적극 활성화해야 할 것이나 북한의 열악한 사회간접자본 수준을 고려할 때 해외 부

---

15) 박진(1997)은 통일 후 북한 지역 소득보장을 위한 사회복지비용으로 남한 GDP의 2.5% 내지 3.1%를 예측한 바 있다. 이는 의료보장, 교육, 주택 등에 대한 비용은 포함되지 않은 수치이다.

16) 남북한 통합은 북한의 2300만 명이 제공하는 새로운 수요와 공급이 창출된다는 의미이다. 현재 북한의 생활수준과 생산력을 고려할 때 북한 인구로 인한 수요창출은 매우 클 것이나 북한의 생산력이 기여하는 공급은 그다지 크지 않을 것이다. 이에 따라 통합 후 한국 경제에는 심각한 인플레이션이 발생할 것이다.

문의 역할 없이 북한 지역에 대한 개발을 활성화하기는 어렵다고 본다.

재원조달 방안으로 가장 우선 고려할 수 있는 것은 조세부담률 제고이다. 이 글에서는 독일과 같은 통일세를 신설해 근로소득세와 법인세에 과세하는 방안을 제안한다. 독일에서는 소득세와 법인세에 1년간 한시적으로 7.5%포인트의 통일세를 부과한 바 있다. 전위효과론(displacement effect theory)에 의하면 납세자들은 특정한 역사적 사건이 있을 때 세부담에 대한 저항이 일시적으로 약화된다고 한다. 일례로 제2차 세계대전 당시 미국에서는 17~18%의 조세부담률이 최고 26%로 8%포인트 상승한 바 있다. 물론 남북통합 후 8%포인트의 조세부담률 증가가 필요한지 그리고 바람직한지는 의문이나, 1997년 경제위기 당시 한국 국민의 단합된 대응을 고려하면 상당한 수준의 조세부담률 증가가 가능할 듯하다.

조세부담률을 제고할 경우 노동과 자본(기업)이 모두 부담해야 하겠으나 이 글에서는 남한기업의 대북투자 활성화를 위해 자본에 과세하는 방안의 중요성을 강조하고자 한다. 독일에서는 통일세 이외에도 유류세, 부가가치세, 담뱃세 등 소비세율 상향조정도 단행해 결과적으로 노동 부문의 세율인상 부담이 더 컸다고 볼 수 있다. 그러나 이 글은 다음 두 가지 이유로 근로소득세보다는 법인세에 대한 통일세 부과율을 더 높게 잡을 필요가 있다고 본다.[17]

첫째, 남북통합은 기회와 도전을 모두 던져주는데 기업에는 기회의 의미가, 노동에게는 도전의 의미가 더 크다고 볼 수 있기 때문이다. 남북한을 비교하면 남한은 상대적으로 자본이, 북한은 노동이 풍부하다. 기업에 남북통합은 수많은 저임금 노동자가 공급되는 동시에 2300만 명 수요가 창출됨을 의미한다. 반면 남북통합으로 남한의 노동자는 북한 기업이 제공하는 새로운 일자리를 기대하기 어려운 반면 북한 이주민과 새로운 경쟁을 해야 하는

---

17) 이하 논의는 박진(1996)의 내용을 참고했다.

상황에 놓인다.[18] 따라서 남북통합의 상대적 수혜자인 기업이 통일세 부담을 더 지도록 하는 것이 옳다.

둘째, 남한 기업의 세부담을 늘리는 대신 북한에 투자하는 남한 기업에는 통일세를 면제할 경우 북한에 대한 투자를 늘리는 효과를 거둘 수 있기 때문이다. 이때 북한에 투자하는 기업이란 일정 비율 이상 북한 주민을 고용하는 기업으로 정의되어야 할 것이다. 북한 주민을 고용하는 기업은 통합으로 인한 재정소요를 감소시키므로 통일세를 경감하는 명분은 충분하다. 남한 기업은 북한에 투자하면 높은 통일세 부담에서 벗어날 수 있으므로 대북투자를 선택할 유인이 높아질 것이다. 이 경우 남한 기업이 북한이 아닌 제3국에 대한 투자로 빠져나갈 가능성은 그다지 높지 않다. 그러나 남북통합 시점까지 남한 산업의 구조조정이 진행될 것이므로 그때까지 국내에 남아 있는 고부가가치 기업들은 한시적인 통일세 부과를 이유로 장기적 영향을 갖는 사업소재지 이전을 단행하지는 않을 것이다. 저부가가치 산업에 대한 신규 투자는 북한의 투자 매력이 클 것이므로 통일세를 경감해준다면 중국, 베트남 등 외국보다는 북한 지역을 택할 가능성이 높다. 한편 북한에 진출하기 어려운 저부가가치 산업의 경우는 일부 제3국으로의 이전도 발생하겠지만 북한의 투자 여건을 신속히 개선해나간다면 이런 문제는 단기간에 끝날 것이다.

셋째, 개인에게 부과된 통일세는 개인에게 거의 귀착되나 기업은 일부 이를 개인에게 전가할 수 있어 기업에 부과하는 것이 형평성에 맞기 때문이다. 만약 북한 지역 내에 입지한 개인이나 기업에 통일세를 면제해준다고 하면 남한의 개인과 기업의 대북이주·이전이 촉진될 것이다. 그러나 개인보다는 기업의 대북이전이 더 큰 영향을 받을 것이다. 문화적·심리적 요인이 크게

---

18) 북한 인구는 한국의 전문지식 인력의 경쟁 상대가 되지 못할 것이며, 오히려 북한 인구가 새 수요를 창출할 것이기 때문에 전문지식 인력은 남북통합의 수혜자가 될 것이다.

작용하는 개인의 이주에 비해 기업의 투자결정에는 경제적 요인에 더 큰 영향을 미치기 때문이다. 다시 말해 개인 이주의 세율탄력성이 기업 이전의 세율탄력성에 비해 현저히 낮으므로 개인은 그 부담을 대부분 스스로 안게 되지만 기업은 대북이전을 통해 부담의 일부를 노동자에게 귀착시킬 수 있다. 기업이 북한 지역으로 이전하게 되면 고용기회의 감소로 남한의 노동자가 그 부담을 일부 떠안게 되기 때문이다.[19]

재정수입 증대를 위한 증세에서 남한의 부가가치세율 인상도 불가피할 것으로 보인다. 역진성이 높아지는 문제가 있으나 조세저항을 고려할 때 불가피한 선택이 될 것이다. 역진성의 문제는 근로소득세 누진율을 강화하는 것으로 보완하기를 권한다. 근로소득자 중 고소득자의 경우에는 남북통합으로 오히려 기회를 얻을 것이기 때문이다.

북한 지역에 대한 사회간접자본 등 투자 지원을 위해서는 국공채를 활용하는 것이 바람직하다. 남한의 사회간접자본 관련 공기업들의 채권발행도 중요한 수단이 될 것이다. 국채는 미래세대가 세금을 더 내어 부담해야 하므로 재원조달의 부담을 미래로 전가시키는 효과가 있다. 남북통합의 긍정적 효과는 미래에 발생할 것이므로 국공채를 통해 그 부담을 미래로 전가하는 것은 의미가 있다. 그러나 아직 한국의 국공채 시장이 잘 발달되어 있지 않아 이를 통해 얼마를 조달할 수 있을지는 미지수이다. 대북투자를 위한 재원조달은 해외조달이나 국내에서의 국공채 발행을 우선시해야 할 것이다. 북한 지역에 대한 사회보장비용과 관련해서는 민간 부문의 역할도 확대되어야 한다. 선진국에서도 다양한 형태의 민간참여 프로그램이 개발되어 있다.[20]

---

19) 그러나 통일세를 소득세에 부과하는 것이 사장된 손실(deadweight loss)이 적어 후생효과 면에서는 더 우월하다. 통일세는 한시적 세목이므로 후생효과보다는 형평성을 추구하는 것이 타당하다.

20) 미국의 Peace Corps, AmerCorps, VISTA(Volunteerrs in Service to America), 일본의 민

특히 초기 북한에 대한 물자지원 및 탈북난민 지원에 드는 비용은 그 규모가 국가재정으로 감당하기 어려울 만큼 크지는 않을 것이다. 더욱 중요한 것은 신속한 대응이다. 따라서 북한 급변사태의 징후가 포착되는 경우에는 국가비상사태에 대비한 예비비를 설정할 필요가 있다. 아울러 북한의 상황을 살펴보면서 남북협력기금을 점진적으로 확대해나가며 경직성 운용부분을 축소해 여유자금을 확보해야 한다. 나아가 통합 직후에는 추경을 편성해 북한 지원 경비에 활용해야 할 것이다.

4. 요약 및 결론

남북한 통합전략을 결정하는 가장 큰 변수는 남한의 사회보장제도이다. 남한의 사회보장제도는 북한에 비해 좁고 깊은 수준으로 유지될 것이다. 이런 경우 남북통합 시 남한의 사회보장제도를 그대로 북한에 이식하기보다는 수혜계층은 넓히고 그 새로운 수혜계층에 대한 지원은 얕게 변화시켜 통일한국에 적용할 필요가 있다. 그리고 이러한 변화를 일거에 시도하기보다는 남북한에 단일한 제도를 적용할 때까지 상이한 제도를 한시적으로 운영해야 한다. 즉, 네 가지 통합전략 가운데 수렴형 점진통합이 가장 바람직하다는 결론이다. 그리고 이는 한국 정부가 통일한국의 중앙정부가 되면서 북한 지역을 별도의 특별행정주로 지정하는 방식 아래 추진되어야 한다.

재정 부문의 대응전략은 다음과 같이 정리할 수 있다. 첫째, 일정 기간 남북한에 별도의 제도를 적용해 재정지출 소요를 최소화한다. 그리고 이 기간에 북한 제도에 단계적 변화를 가해 남한 제도에 근접시킨 후 최종 제도통합

생위원제도, 영국의 자원봉사국제도 등이 그 예이다(권순원, 1995: 136~137).

을 이룬다. 물론 수렴형 점진통합의 정신에 맞추어 남한의 제도에도 필요한 수정을 가해 통합에 대비한다. 둘째, 대북투자 지원, 사회간접자본시설 건설에 재정지출의 초점을 맞추어 고용창출을 통한 북한 지역 소득보장 정책을 실시한다. 북한 인력은 모두 고용보험이 적용되는 것으로 간주하고 이를 통한 직업훈련, 고용알선 등의 서비스를 제공한다. 그러나 노동불가능 인력에 대해서는 공적부조를 통한 사회보장제도를 도입한다. 셋째, 북한 지역에 남한과는 독립적인 사회보험 계정을 도입하되 통일한국의 중앙정부에서 이를 재정지원해 적자요인을 해소한다. 남북한 간 이주민에 대한 규정을 도입해 남북한의 상이한 사회보장제도에서 오는 혼란을 최소화하는 동시에 점진적인 남북한 제도통합 로드맵을 제정·시행한다.

이상의 통합전략은 지금 당장 결정할 필요는 없으며 통합을 합의하는 시점에서 결정하면 될 것이다. 그러나 이상에서 논의한 통합전략의 기본 방향을 염두에 두고 북한과 통합협상에 임하는 것은 매우 중요하다.

동독 지역에 대한 이전지출

독일은 통일 후에 극심한 재정적자를 겪었다. 1989년 다소나마 흑자였던 재정수지는 동서독이 통합된 1990년 이후 적자규모가 커졌다. 동독 지역에서 재정수입은 크지 않은 데 비해 동독 지역으로 이전지출이 크게 늘었기 때문이다. 동독으로 이전지출에서 가장 큰 비중을 차지하는 것은 사회보장 관련 지출이었으며 그 외 투자지출과 부실채권 상각 등 기타 지출도 큰 규모를 나타냈다.

동독 지역에 대한 이전지출은 통일독일 국내총생산(Gross Domestic Product: GDP)의 4%에 해당하는 수준이었으나 동독 지역 총생산(Gross Regional Domestic Product: GRP)의 40% 내외를 차지해 동독 지역에서는 거의 절대적인 역할을 하고 있었다. 대(對)동독 지역 이전지출을 주체별로 보면 독일 연방정부의 비중이 1990년 초반에는 52~55%였으나 중반으로 가면서 75%대로 높아졌다. 이는 독일통일기금(Fonds Deutsche Einheit)이 1995년 이후 모두 소진되어 동독 지역으로 이전이 사라졌기 때문이다. 통일기금은 1990년 국가 조약 시 특별회계로 설치되어 독일 통합 초기에 동독 지역을 지원하는 데 큰 역할을 했다. 아울러 실업 문제를 해결하기 위한 연방노동청의 동독 지역 이전지출이 300억 마르크(Deutsche Mark: DM) 내외의 높은 수준으로 유지되었으며 1992~1993년을 정점으로 다소 하락하는 추세인 것도 특기할 만하다.

<부표 1-4> 독일의 재정수지 및 대동독 이전지출 규모[1]

(단위: 10억 DM)

구분	1988	1989	1990	1991	1992	1993	1994	1995	1996	1997
독일의 재정수지	-45	3	-50	-95	-87	-112	-86	-123	-123	-124
동독 순이전액	-	-	-	-106	-115	-129	-125	-140	-134	-130
동독 재정수입	-	-	-	33	37	39	43	45	50	48
대동독 이전지출	-	-	-	-139	-152	-168	-168	-185	-184	-178
사회보장비	-	-	-	-56	-69	-78	-73	-79	-74	-69
보조금	-	-	-	-8	-10	-11	-17	-18	-16	-16
투자지출	-	-	-	-22	-23	-26	-26	-34	-39	-36
기타지출[2]	-	-	-	-53	-50	-53	-52	-54	-55	-57
재정수지의 대GDP 비중	-2.2	0.1	-2.0	-3.3	-2.8	-3.5	-2.6	-3.5	-3.4	-2.7

주: 1) 1990년 이전은 서독 분만을 고려한 통계임.
    2) 부실채권 상각 등 기타 분류되지 않은 일반정부지출.
자료: 이상헌·박완근(1998)에서 재인용.

<부표 1-5> 동독 지역에 대한 이전지출 주체

(단위: 10억 DM)

구분	1991	1992	1993	1994	1995	1996	1997[1]
동독 지역에 대한 총이전지출[2]	139	152	168	168	185	184	178
연방정부	75	88	114	114	135	138	128
서독 주정부/자치단체	5	5	10	14	10	11	11
연금	-	5	9	12	17	19	17
연방노동청	24	39	39	27	23	26	21
독일통일기금	31	24	15	5	-	-	-
유럽연합	4	5	5	6	7	7	7
동독 지역으로부터의 수입	33	37	39	43	45	50	48
연방정부의 조세수입	31	35	37	41	43	45	45
연방정부의 행정수수료	2	2	2	2	2	2	2
순이전지출	106	115	129	125	140	134	130
독일전체 GDP 대비 비중	3.7	3.7	4.1	3.8	4.0	4.0	3.6
서독 GDP 대비 비중	4.0	4.1	4.5	4.2	4.6	4.5	4.1
동독 GDP 대비 비중	51.5	43.8	41.1	35.3	36.8	35.2	32.4

주: 1) 전망치.
    2) 연방정부가 노동청에 지급한 금액을 제외해 이중계산분을 제거한 OECD의 추정치로서 각
       지급주체별 지급금액의 합계와는 불일치. 자세한 내용은 OECD(1997: 43)를 참고.
자료: 이상헌·박완근(1998)에서 재인용.

〈부표 1-6〉 동독 지역 투자를 위한 재정지원

(단위: 10억 DM)

구분	1990	1991	1992	1993	1994	1995	누계	(비중)
금융지원	9.3	38.5	35.3	25.9	30.3	23.6	162.9	(61.9)
ERP 융자	5.4	9.0	9.2	8.3	8.2	6.4	46.5	(17.7)
중소기업 융자	-	6.9	6.6	3.8	3.7	2.1	23.1	(8.8)
자기자본 융자	0.5	3.2	3.5	3.0	2.8	2.2	15.1	(6.0)
주택현대화 융자	0.2	6.9	7.5	7.7	10.9	9.6	42.8	(16.3)
지자체 융자	1.8	9.9	5.6	-	-	0.7	18.0	(6.8)
세제혜택	-	3.2	7.5	9.4	10.0	13.1	43.2	(16.4)
특별감가상각	-	1.8	2.8	3.8	5.0	8.7	22.1	(8.4)
투자장려금	-	1.0	4.3	5.1	4.4	3.6	18.4	(7.0)
투자보조	1.4	10.5	7.9	10.8	11.3	15.0	56.9	(21.6)
지역경제계획	1.4	10.5	7.9	10.8	11.3	8.4	50.3	(19.1)
동독투자촉진계획	-	-	-	-	-	6.6	6.6	(2.5)
총계	10.7	52.2	50.7	46.1	51.6	51.7	263.0	(100.0)

자료: 김영탁(1997)에서 재인용.

　대동독 지역 투자활성화를 위한 재정지원은 대체로 금융지원, 세제혜택, 투자보조 등 세 가지 방식을 통해 이루어졌다. 이 중 금융지원이 가장 큰 비중을 차지하고 그 다음이 세제혜택과 투자보조였다. 투자 관련 지원 내역에서는 지역경제계획, ERP 융자, 주택현대화 융자 등이 큰 비중을 차지하는 것으로 나타났다.

동독 지역 지원을 위한 제도 변화

　동독 지역에 대한 재정이전은 결국 서독 지역 국민이 부담해야 했다. 통일독일은 통일세와 이자소득세를 신설했으며 유류세, 담뱃세, 부가가치세, 재산세를 인상했다. 그 외에도 실업보험료율와 자동차보험료율을 인상했으며,

제1장 남북 경제통합의 전략 방향　43

〈부표 1-7〉 통일독일의 국민부담 상향조정 내역

1991.4.1	· 실업보험료 2.5%포인트 인상(연금보험료율은 1%포인트 인하)
1991.7.1	· 통일세 부과(소득세·법인세에 1년 동안 한시적으로 7.5%포인트 부과) · 유류세 인상(휘발유의 경우 1리터당 22페니히 → 83페니히) · 자동차보험 등 보험료율 인상(3% → 5%, 화재보험 제외)
1992.3.1	· 담뱃세 인상(담배 1개비당 1페니히)
1993.1.1	· 부가가치세 인상(14% → 15%) * 식료품·서적·약품 등 특례품목은 종전대로 7% 세율 적용 · 이자소득세 신설(세율 30%)
1993.7.1	· 연금보험료율 인상(17.5% → 19.2%) · 유류세 인상(철도개혁을 위한 재원 마련) · 디젤용 자동차세 인상
1995.1.1	· 통일세 재차 부과(1998년부터는 세율 5.5% 인하 예정) · 재산세 인상 · 물적 보험의 보험료율 인상
1996년 중	· 유류세 인상

〈부표 1-8〉 동독 지역 투자에 대한 주요 재정지원제도

제도	주요 내용
투자세액 공제	· 대상: 구입 또는 제작 후 3년 이내인 단가 900DM 이상의 설비(승용차·비행기는 제외). 단, 금융·보험, 전기·가스, 무역업은 제외 · 세액공제율: 1990.7~1992.6(12%), 1992.7~1994.6(8%), 1994.7~1996.12(5%)
특별감가상각	· 시설재 및 건물의 구입 또는 확장 시 최초 5년 동안 투자액의 50%까지 특별상각 허용 · 대상: 1991.1.1~1996.12.31에 구입 또는 제작한 시설재 및 건물(추가설비 포함)
투자보조	· 연방·주정부 등이 동독 지역의 상공업 부문 또는 사회간접자본 부문에 투자하는 기업에 대해 투자액 중 일부를 무상으로 보조(단 부동산 및 차량·항공기·선박·철도차량에 대한 투자는 제외) · 지원 비율: 설립·인수 시 23%, 확장투자 시 20%, 기업합리화투자 시 15%
기타 세제지원	· 1995년 말까지 동독 지역 기업에 대해 재산세 및 자본세 면제 - 동독 지역 제품의 서독 지역 판매 시 부가가치세 및 소득세율 등을 한시적으로 인하해 적용

자료: 강변천·변성식(1996)에서 재인용.

연금보험료율은 1991년 1%포인트 인하했으나 그 후 1.7%포인트 다시 인상했다.

독일에서는 투자세액 공제, 특별감가상각, 투자보조, 기타 세제지원을 통해 대동독 지역 투자를 지원했다. 그러나 이런 투자가 효과적이었다고 보이지는 않는다. 가장 중요한 동독 지역의 임금이 지나치게 높고 사회간접자본시설이 미비했기 때문이다. 따라서 통합 후 한국은 과도한 재정 부담을 일으키는 대북투자 촉진제도를 사용하기보다 북한의 임금수준을 적정수준으로 유지하고 사회간접자본시설에 투자하는 방향이 타당할 것이다.

참고문헌

강남훈. 2006. 「2015년 산업발전 비전과 전략」. ≪KDC나라경제≫, 2006년 제1호.

강변천·변성식. 1996. 「통일이후 구동독지역의 경제재건」(조사연구자료, 1996, 제1-6호). 서울: 한국은행 조사제1부, 16쪽.

고일동. 1997. 『남북한 경제통합의 새로운 접근방법』. 서울: 한국개발연구원.

고일동·연하청. 2004. 「북한의 재정위기와 재정안정화를 위한 과제」. ≪북한경제논총≫, 제10호.

권순원. 1995. 「문민참여의 활성화와 문민재원 조달방안」. 경제운영에 관한 정책과제 연구 KDI정책포럼, 487~489쪽.

국가경쟁력강화위원회. 2008. 『사회적자본확충 실행과제』. 내부보고서.

기획예산처. 2005. 『비전 2030』. 중간보고서.

_____. 2007. 『한국의 재정 어제, 오늘 그리고 내일: 참여정부의 재정운용시스템 혁신 백서』. 서울: 기획예산처.

기획예산처·KDI. 2006. 『비전 2030』. 본 보고서.

김보엽. 2006. 「사학재정정책의 쟁점과 과제」. ≪교육행정학연구≫, 제24권 제3호, 165~191쪽.

김영탁. 1997. 『독일통일과 동독재건과정』. 도서출판 한울.

김유찬. 1997. 『독일의 재정』. 서울: 한국조세연구원.

_____. 2004. 『주요국의 조세제도: 독일편』. 서울: 한국조세연구원.

김정호. 1991. 『독일의 사회보장제도의 발전과정과 통일후의 방향』. 국민경제제도연 구원.

대한민국 정보통신부. 2002. 「e-Korea Vision 2006」. 서울: 정보통신부.

문성민. 2004. 『북한재정제도의 현황과 변화추이』. 서울: 한국은행.

미래기획위원회·KDI. 2010. 『미래비전2030』.

박기덕·이종석. 1995. 『남북한 체제비교와 통합모델의 모색』. 성남: 세종연구소.

박순성. 1994. 「통일한국의 사회복지정책」. 통일연구원.

박양수·문소상. 2005. 「우리경제의 성장잠재력 약화원인과 향후 전망」. ≪조사통계월 보≫, 제59권 제682호. 한국은행.

박제훈. 1995. 「체제전환과 통일의 비교정치경제학-이행기경제경험의 남북 경제통합 에 대한 시사」. ≪비교경제연구≫. 한국비교경제학회.

박진. 1994.『북한재정의 현황과 추이』. 서울: 한국개발연구원.

_____. 1995.「통일기금의 유용성 분석」. ≪한국개발연구≫, 1995년 봄호. 서울: 한국 개발연구원.

_____. 1996.「남북한 경제통합시의 경제·사회 안정화 대책」. 서울: 한국개발연구원.

_____. 1997.「통일한국의 사회복지자원 동원을 위한 기본전략」. 제9회 전국사회복 지대회 발표 자료.

_____. 2009. 2009년 3월 30일 자 한국일보 기고문.

_____. 2010. 2010년 6월 21일 자 한국일보 기고문.

박진·이유수. 1994.『남북한 사회보장제도의 비교 및 통합방향』. 서울: 한국개발연구원.

산업연구원. 2001.『2010년 산업발전 비전』. 서울 : 산업연구원.

손기웅. 2007.『통합정책과 분단국 통일: 독일사례』. 서울: 통일연구원.

우천식 외. 2007.「선진한국을 위한 정책방향과 과제: 6대전략분야를 중심으로」. 서 울: 한국개발연구원.

윤덕룡. 2005.「북한경제발전을 위한 국제기구의 역할」.『북한경제의 변화와 국제협 력』. 학술 발표 자료. 서울: 통일연구원.

이석. 2005.『북한의 경제개혁과 이행』. 서울: 통일연구원.

이상헌·박완근. 1998.「독일의 경제통합정책」. 서울: 한국은행 조사제1부, 33, 49쪽.

이일영·김연철·양문수·이건범·이남주·전병유. 2003.『북한 재정경제의 현황과 재정 개혁의 방향』. 서울: 한국조세연구원.

장병완. 2008.「한국의 재정개혁정책 특성에 관한 연구: 시대별 유형변화를 중심으로」. 중앙대학교 박사학위논문.

재정경제부. 2004a.『역동과 기회의 한국: 참여정부의 경제·사회 비전과 과제』. 창원: 대한민국정부.

_____. 2004b.「활기찬 경제, 깨끗한 사회」. 과천: 재정경제부.

전홍택·이영선. 1997.『한반도 통일시의 경제통합전략』. 서울: 한국개발연구원.

정책기획위원회. 2006.『2020 비전보고서』.

조동호. 1993a.「남북협력기금의 운용개선방안」. 정책보고서, 93-05. 서울: 한국개발 연구원.

_____. 1993b.「북한의 노동생산성과 적정임금: 북한노동력의 질에 관한 고찰」. ≪한 국개발연구≫, 1993년 겨울호. 서울: 한국개발연구원.

최준욱 외. 2001.『체제전환국 조세정책의 분석과 시사점』. 서울: 한국조세연구원.

한국개발연구원. 1997. 「열린 시장경제로 가기 위한 국가과제: 21세기 새로운 도약을 위한 준비」.

_____. 1999. 「21세기 한국경제의 비전과 발전전략」.

_____. 2001. 『비전과 과제: 열린 세상, 유연한 사회』. 서울: 한국개발연구원.

한국개발연구원·기획예산처. 2005. 「비전 2035, 무엇을 준비해야 하나』.

한국은행 조사제1부. 1998. 「독일의 경제통합정책」. 서울: 한국은행 조사제1부.

한국지방행정연구원. 1997. 「지방행정정보」, 제60호.

한상국. 2003. 『체제전환기의 중국 조세정책과 북한에의 시사점』. 서울: 한국조세연구원.

한진희·최경수·임경묵·신석하. 2006. 『한국경제의 중장기 경제전망: 잠재성장률 전망을 중심으로』. 서울: 한국개발연구원.

BMWi(BundesMinisterium für Writschaft und Energie). 1993. 「Investing in the Future Germany's Federal States」.

Deutsche Bundesbank. 1997. 「Tables and Charts Regarding the Promotion of German Unification through Public Funds」.

OECD. 1993. 「OECD Economic Surveys-Germany 1992-1993」. Paris: OECD.

_____. 1997. 「OECD Economic Surveys-Germany 1996-1997」. Paris: OECD.

World Value Survey. 2001.

제2장

체제전환과 경제통합 시나리오, 전략 및 정책

김병연 | 서울대학교 경제학부 교수

1. 서론

사회주의 경제체제의 시장경제로의 전환 방안은 흔히 점진적 전략(gradua-lism), 급진적 전략(Big-bang), 충격 요법(shock therapy)으로 대별되어왔다. 점진적 전략은 체제이행의 여러 정책을 비교적 장기간에 순차적으로 집행하는 것이다. 이에 반해 급진적 전략은 모든 이행정책을 동시에 그리고 가능한 한 단기간에 집행하자는 방안이다. 그러나 현실에서 완전히 급진적이거나 점진적인 전략은 존재하기 어렵고 실제로도 그 두 극단 사이에 다양한 대안이 존재한다. 각국이 처한 상황이 다르고, 또 정책의 종류에 따라 급진적으로 시행하기 어려운 것도 있으며 뒤로 미루기 어려운 시급한 이행과제도 있기 때문이다. 예를 들어 대규모 사유화는 기업의 평가와 사유화 방안의 마련 등에 비교적 오랜 기간이 소요되기 때문에 단기간에 완료하기 어렵지만 가격자유화는 필요성만 인정되면 국가보조금의 철폐와 가격결정권의 자율화를 시행함으로써 즉각 실행에 옮길 수 있다. 경제통합 시나리오도 체제이행에서와 같이 점진적·급진적 시나리오로 분류할 수 있을 것이다. 예를 들어 통일독일의 사례는 급진적 통합의 경우이며 유럽연합의 경제통합 사례는 점진적 통합에 해당한다. 따라서 체제이행과 경제통합의 시나리오를 조합한다면 총 4개의 시나리오가 가능하다.

이 연구에서는 4개 시나리오 가운데 점진적 체제이행과 경제통합에 초점을 맞춘다.[1] 만약 점진적 체제이행과 경제통합이 일어난다면 이 사례와 가장 유사한 경우는 중국의 점진적 체제이행과 중국·홍콩식 경제통합일 것이다(김병연, 2009).[2] 그러나 중국·홍콩은 아직 통합이 진행 중이며 중국·홍콩의 통합은 규모의 비대칭성이 존재하기 때문에 남북한의 경제통합에 비해 수월한 측면도 있다. 즉, 인구 규모가 월등한 중국의 1인당 국민소득은 홍콩보다 훨씬 낮기 때문에 중국·홍콩의 통합은 남북한의 통합 사례와는 차이가 크다. 따라서 북한의 체제이행과 남북 경제통합에 그대로 적용할 수 있는 사례를 외국에서 찾기는 어렵다. 오히려 그동안 체제이행과 경제통합의 연구 결과와 남북한이 처한 조건을 함께 고찰함으로써 적절한 방안을 찾아야 할 것이다.

점진적 통합 방안을 마련한다는 것은 가장 이상적인 방식의 통합 방안을 그려보는 것과 관련이 있다. 통일독일의 경우와 같이 급진적 방식으로 통일될 경우, 통일의 경제적 비용은 증가하는 경향이 있다. 급진적 통일 방안은 사회안전망에 대한 지출 비용을 증대시키고 피흡수 지역의 자생적 경제발전을 저해하는 경향이 있기 때문이다. 즉, 소득이 낮은 지역을 소득이 높은 지

---

1) 북한의 급진적 체제이행과 남북통합 시나리오를 가정한 정책은 Kim and Roland(2012)에 제시되어 있다.

2) 김병연(2009)은 통합 유형을 통일과 체제이행을 동시에 추구한 독일식 유형, 장기적·점진적인 체제이행과 경제발전전략을 추구한 중국식 유형, 급진적 체제이행과 점진적 경제통합을 결합시킨 체코식 유형, 중기적·점진적 체제이행과 점진적 경제통합전략을 따른 헝가리식 유형, 마지막으로 통일을 전제하고 일정 기간 경제를 분리, 이행과 발전을 도모한 중국·홍콩식 유형을 각각 검토하고 그 장단점을 분석한다.

역과 분리시켜 정책을 펼 경우에는 저소득 지역의 상대적 강점인 낮은 생산비용을 토대로 기업의 국제경쟁력을 높일 수 있다. 그리고 환율정책을 이용해 수출경쟁력을 확보하거나 국내 기업을 일정 기간 보호하는 것도 가능하다. 그러나 두 지역이 통일되면 두 지역에 거주하는 주민들을 사회안전망 혜택이나 임금 결정에서 차별하기 어렵다. 그 결과 소득이 낮은 지역의 생산비용과 실업이 증가하며 그 부담의 대부분은 소득이 높은 지역의 주민들이 지게 된다.

점진적 시나리오에 따라 정책을 개발한다고 하더라도 이 정책이 북한에 의해 받아들여지느냐의 문제도 존재한다. 만약 북한의 체제이행과 통합을 주도하는 주체가 남한이 아니라면 남한이 만든 정책을 북한이 수용한다는 보장이 없기 때문이다. 이 연구는 북한이 정치적 체제이행, 즉 민주화 개혁을 시도하지 않는다고 하더라도 경제적 체제이행인 시장경제화는 추진한다고 가정하고 논의를 진행한다. 다시 말하면 이 연구에서 체제이행은 남북한 가운데 누가 체제이행을 주도하는가와 관계없이 진행될 것으로 가정한다. 그리고 남북 경제통합의 경우도 남북한 합의에 따라서든, 아니면 남한이 주도적으로 시행하는 경우를 막론하고 점진적으로 진행될 것으로 상정한다.

남북한의 점진적 통합을 가정함으로써 이 연구의 적용 범위가 다소 제한될 것을 우려할 수 있다. 현재 상황을 두고 볼 때 북한 급변사태의 가능성이 점증하고 있는 만큼 북한의 체제이행이나 남북 경제통합도 급진적 방식으로 진행될 가능성이 높을 것이라는 주장이 그 예이다. 그러나 북한의 급변사태, 즉 현재 북한 정부가 북한의 사회, 군사, 경제 등에 관한 통제력을 상실한다면 이로 말미암아 급진적 시나리오가 전개될 가능성은 높아지겠지만 이것이 반드시 급진적 시나리오로 이어지는 것은 아니다. 만약 북한의 급변사태로 인해 유엔군이나 다른 외국군, 예를 들어 6자회담 국가의 군대들이 북한의 안정과 치안을 유지할 목적으로 북한에 주둔할 경우, 남북한의 통합은 단기간에 결정되지 않을 가능성이 존재한다. 이러한 경우에는 일정 기간 과도기적 통치가 이루어지고 이 기간에 북한 주민들의 의사를 반영해 북한의 정치적 미래를 결정할 수도 있다. 이 상태에서는 북한의 체제이행이 어느 정도 진행된 이후 남북한 통합이 일어날 개연성이 높아지며, 따라서 한국의 분류에 따르면 이는 점진적 경제통합 시나리오에 속한다. 그리고 만약 점진적 남북통합이 급진적 통합보다 바람직하다고 판단한다면 이를 위해 점진적 통합 가능성을 극대화할 수 있는 정책을 우리 스스로 만들어야 할 것이다. 즉, 점진적 통합과 급진적 통합은 한반도에 주어지는 것일 수도 있지만 한국의 정책에 따라 한국이 선택할 가능성도 여전히 존재한다. 따라서 점진적 통합 방안에 대한 연구는 북한이 현 정권을 유지하면서 체제이행 및 남북통합을 추진할 경우뿐만 아니라 북한의 급변사태 발생 후에도 적용될 가능성이 있는 방안으로 평가된다.

　이 연구의 목적은 남북한 점진적 통합의 경우, 북한의 체제전환과 경제통합의 시나리오를 개괄적으로 구성하고 각 단계에서 한국의 전략과 정책을 논의하는 데 있다. 좀 더 구체적으로 체제전환과 경제통합 각각에서 바람직한 전략과 정책을 도출하고 이 양자를 유기적으로 결합하는 것이 이 연구의 목표이다. 그리고 체제이행 단계를 각각 초기, 중기, 후기로 나누며 경제통합 단계를 준비기, 시작기, 진행기, 완료기로 구분한다. 또한 각 단계에서 필요한 정책을 개괄하는 동시에 체제이행의 단계와 경제통합의 단계를 조응시킴으로써 바람직한 체제이행과 경제통합의 방안을 도출한다.

2. 북한의 체제전환 시나리오[3]

1) 체제이행과 사회주의 경제개혁

사회주의의 자본주의로의 체제전환 혹은 체제이행은 사회주의 계획경제의 근간인 계획을 포기하고 시장메커니즘을 도입하며 국유 형태의 생산수단인 소유권을 사적소유로 전환한다는 의미이다. 또한 이는 사회주의 경제체제를 포기하고 시장경제체제를 전면적으로 수용한다는 것이다. 따라서 체제이행은 사회주의 내에서 이루어지는 경제개혁과 근본적인 차이가 있다. 사회주의 내부의 경제개혁은 계획과 국유를 기반으로 하는 사회주의 틀 안에서 일부 사회주의 기능의 수정과 자본주의적 요소를 부분적으로 도입하는 것이다. 예를 들면 국유를 유지하면서 물적 인센티브와 같은 자본주의 요소를 도입하는 것은 사회주의 내부의 경제개혁에 지나지 않기 때문에 체제전환은 아니다(김병연, 2005).

사회주의 내의 경제개혁 사례는 많다. 예를 들면 1965년 소련의 경제개혁(코시긴개혁)은 개혁의 주된 초점이 인센티브의 도입에 있었다. 시장사회주의(market socialism)라 불리는 헝가리의 신경제메커니즘, 유고슬라비아의 자주관리제도 등은 이보다 한 걸음 더 나아가 강제적 중앙계획을 상당 부분 포기했다. 즉, 신경제메커니즘과 자주관리제도는 사회주의 경제체제의 두 기둥인 계획과 국(공)유 가운데 계획은 상당 부분 포기했지만 소유권의 변화, 경쟁제도 도입 등은 도입하지 않았던 것이다. 결과적으로 시장사회주의도 사회주의의 근본적 한계를 극복할 수 없는 체제이기에 자본주의로의 체제이행

---

3) 북한의 체제이행을 세 단계로 구분하고 그 각각의 단계에 따른 정책을 제시하는 내용은 박명규 외(2010)와 유사하나 이 연구는 구체적인 정책 내용을 추가해 좀 더 자세히 설명한다.

으로 볼 수는 없다.

이 연구는 북한의 체제이행을 전제한 상태에서 남북한의 경제통합과 북한 경제의 체제이행을 다룬다. 즉, 북한 정권의 붕괴 이후 체제전환이 일어나는 경우에도 이행의 속도는 점진적이며, 경제통합의 경우에도 통일독일 사례처럼 체제전환과 동시에 통일이 이루어지지는 않는다고 가정한다.

2) 점진적 체제이행과 체제이행 초기 정책

점진적인 체제이행은 비교적 장기간에 걸쳐 여러 체제이행 정책을 순차적으로 집행하는 것을 의미한다(Roland, 2000). 이러한 순차적 집행의 장점은 다음과 같다. 첫째, 점진적 시나리오의 장점은 두 제도가 수렴하거나 이식되면서 생길 수 있는 마찰을 줄일 수 있다는 것이다(Murrel, 1995). 즉, 각 국가의 제도는 그 나라의 초기 조건에 영향을 받고 있는데 급진적인 방식으로 제도를 바꾸면 초기 조건과의 부정합 발생 가능성이 높아진다. 점진주의는 더욱더 장기에 걸쳐 이 부정합을 점차 줄여나가는 방법으로 통합을 추진할 수 있다는 것이다. 둘째, 점진적 체제이행은 체제이행국의 특수한 환경을 고려해 정책을 펼 수 있다는 장점이 있다. 두 지역이나 국가가 통일 혹은 통합되면 그중 한 지역이나 국가의 특수성을 경제정책에 반영하기 어렵다. 특히 화폐통합이 이루어지고 나면 이자율 정책이나 화폐정책을 이 두 지역 사이에 달리 적용할 수 없다. 즉, 경제적 조건들이 이질적인 두 지역이나 국가가 통합되면 그로 인해서 여러 경제적 비용이 발생한다. 셋째, 점진적 체제이행은 정치적 제약(political constraints)을 충족시키는 데 도움이 된다. 체제이행은 시작 전, 그 결과에 대한 불확실성 때문에 이행정책을 도입하기 어려울 수 있다(Dewatripont and Roland, 1992, 1995). 이때 모든 체제이행 정책을 동시에 시행하기보다 그중 국민이 비교적 쉽게 받아들일 수 있는 정책, 단기적으로도 국민의 복지를 향상시킬 수 있는 정책을 먼저 실시한다면 체제이행이 시작될 수 있다. 독재 혹은 권위주의 정권에서도 점진적 체제이행은 급진적 이행보다 받아들여지기 쉽다. 먼저 중국의 경우처럼 정치적 이행과 경제적 이행을 분리시켜 정치적으로는 사회주의 제도를 유지하면서 경제적으로는 시장경제체제로 이행하는 것이 가능하다. 그리고 비민주적 정권에게 정치적 부담이 적은 이행정책부터 순차적으로 집행할 수 있게 함으로써 점진적 이행은 이러한 정권이 체제이행을 시도할 확률을 높인다.

만약 북한 정권이 붕괴를 경험하지 않고 자발적으로 이행을 시도한다면 사회주의식 정치체제를 유지하면서 자본주의 경제체제로 점진적 이행을 시도할 것으로 판단된다. 그리고 중국의 경험을 본받아 기존 계획기구를 전면 철폐하고 시장경제메커니즘을 도입하기보다 기존 계획기구의 기능을 어느 정도로 유지시킨 채 계획기구 밖에서 일어나는 시장과 시장행위를 제도화하고 장려함으로써, 계획과 시장이 구조적으로 양립하는 방식으로 진행할 가능성이 높다.

이 경우, 북한의 체제이행 초기에 시행되어야 할 정책은 다음과 같다.[4] 이는 북한이 자생적으로 경제성장할 수 있는 최소한의 제도개혁을 의미하기도 한다. 따라서 이를 〈표 2-1〉에서와 같이 체제이행의 최소 조건이라고 칭한다. 그 구체적인 내용은 다음과 같다. 먼저 인센티브 구조를 변화시키는 정책이 필요하다. 첫째, 집단농장을 가족농으로 전환시키는 것이다. 이 개혁은 농업 부문의 효율성을 크게 증진시켜 북한의 식량 문제 해결에 기여할 뿐 아니라 주민들에게 개혁의 긍정적 효과를 맛보게 함으로써 지속적 개혁 추진의 원동력으로 작용할 수 있다. 브로우 외(Brauw et al., 2004)에 따르면 중국에서 이러한 개혁은 중국 농업의 효율성을 연평균 7% 증가시켰다. 둘째, 국가가

---

4) 이 내용은 박명규 외(2010)에서 언급되었다.

〈표 2-1〉 체제이행의 최소 조건

이행 조건의 분류	인센티브 제공	제도적 환경
이행 조건의 내용	집단농장을 가족농으로 전환	교환의 자유
	계약책임제 시행 (혹은 그에 준하는 조세제도)	투자의 자유 (사유재산권)

기업 혹은 가족농과 계약을 맺고, 가족농은 국가에 판매하는 일정한 양을 제외하고 나머지를 스스로 임의 처분할 수 있게 하는 개혁이 이루어져야 한다. 즉, 이전의 계획경제에서 잉여생산물의 대부분을 이윤세로 수취하는 방식을 철폐하고 시장경제의 조세제도에 준하는 이윤배분시스템으로의 전환이 필요하다. 이 두 정책은 북한이 사회주의 경제체제를 어느 정도 유지하면서도 실시할 수 있는 정책이다. 이러한 정책이 경제에 미치는 효과는 상당히 클 것으로 판단된다. 그만큼 정권의 부담은 적으면서 경제적 효과가 큰 정책들이다. 그뿐만 아니라 이 정책들의 효과는 비교적 단기부터 나타나기 때문에 체제이행의 초기 정책으로 매우 적합하다.

이상의 정책이 장기적으로도 효과를 발휘하려면 두 가지 근본적인 법적·제도적 변화가 필요하다. 이는 장기 경제성장에 필수적인 변화로서 사회주의 체제 변화에도 예외가 아니다. 첫째는 사유재산권의 실질적 보장이 이루어져야 한다. 좀 더 구체적으로, 적어도 소규모 투자의 경우에는 그 자유를 보장하고 잉여물의 사적 사용이 허락되어야 한다. 여기서 실질적(de facto) 보장이란 반드시 법적(de jure) 보장을 의미하지는 않는다. 즉, 법적으로는 국유나 공유 형태를 유지하더라도 실제로는 정부가 개인의 사유권에 간섭하지 않음으로써 실질적 사유권을 묵시적으로 인정하는 것이다. 예를 들면 가내공업이나 자영업, 식당, 상점, 이·미용업 등 개인 서비스업을 실제로 허용하는 것이다. 둘째는 교환의 자유를 보장하는 것이다. 교환의 자유는 시장의 형성과 발전을 통해 인센티브를 자극함으로써 생산량 증대에 기여할 수 있다. 이상의 법적·제도적 변화가 상기한 인센티브 개혁과 맞물린다면 체제이행의 초기 정책 효과는 더욱 커질 것이다.

체제이행의 최소 조건들의 충족 여부는 북한 정권이 체제이행에 분명한 의지가 있는지 확인하기 위한 바로미터이다. 중국도 체제이행 초기에 이와 유사한 정책을 집행했다. 즉, 중국 정부는 1970년대 후반에 집단농업체제를 폐지하고 소규모 집단농 또는 개인농을 허락했으며, 더 나아가 1979년에는 농가를 대상으로 생산된 농산물의 일부를 미리 정한 만큼 정부에 납부하고 나머지는 농민이 소유하거나 시장 거래를 통해 처분하는 것을 허용하는 농가 생산책임제를 실시했다. 또한 기업에 대해서도 1978년 쓰촨성(四川省)에 6개 기업의 경영을 부분적으로 자율화하고 이윤의 일부를 사적으로 처분하는 것을 허용하는 개혁을 시행했으며, 1981년에는 국영기업의 80% 이상에 해당하는 기업들로 이 제도를 확대·시행했다(박명규 외, 2010).

체제이행의 최소 조건에 해당하는 개혁들이 시행되면 경제성장이 시작될 가능성이 높다. 어느 수준의 성장률을 기록할 수 있을지는 예측하기 어렵지만 적어도 농업과 서비스업의 성장률은 상당한 수준의 성장률을 기록할 것이다. 개인의 자영업 활동이 증가하면서 개인서비스 분야의 경제활동이 증가할 것이다. 그리고 가족농으로의 전환은 농업 생산량에 상당한 증가를 가져올 것으로 전망된다. 물론 이는 북한의 다른 산업 분야의 성장률이 크게 하락하지 않음을 전제로 한다. 특히 사회적·경제적 혼란으로 농업을 제외한 1차 산업과 제조업의 생산이 크게 하락한다면 경제 전체적으로는 마이너스 성장을 기록할 가능성도 있다. 그러나 이 연구에서는 북한 정권의 사회경제 통제 능력을 전제하고 있으며, 북한은 체제이행 경제에서 발견되는 이행기적 침체의 주요 원인인 경제 해체(disorganization)를 이미 경험해왔기 때문에 그 충격이 상대적으로 더 적으리라 전망된다.

3) 체제이행 중기 정책

체제이행의 최소 조건을 충족한 이후, 체제이행이 본격화하면 북한은 다음과 같은 이행정책의 실행을 고려해야 한다. 우리는 이를 체제이행 중기 정책이라고 명명할 수 있을 것이다. 체제이행 중기 정책의 핵심 목표는 시장경제의 제도 틀을 경제 대부분의 분야에 도입·정착시키는 것이다. 그리고 이를 보조하거나 촉진할 수 있는 기제를 갖추는 것이다. 전자에는 소규모 사유화, 가격자유화, 이원적 은행제도 도입, 무역자유화 등이 속하며, 후자에는 파산법, 경쟁법의 도입과 국제금융기구 가입 추진 등이 포함된다. 각각에 대한 구체적인 내용은 다음과 같다.

- 소규모 사유화: 소규모 초기에 실질적으로 인정했던 (가내)공업, 식당, 키오스크(kiosk), 소규모 서비스업(유통업, 교육, 수리)의 사유권을 공식적으로 인정하고, 사유권의 인정은 소규모(개인 혹은 수명 내외)로 영위하는 작업장이나 서비스업에서부터 시작될 수 있다. 즉, 가내수공업과 소수 인원을 고용하는 소규모 기업, 자영업, 식당, 키오스크, 이발소, 수선점 등의 사유를 인정하는 것이다. 국유자산을 경매해 이들을 사유화할 수 있으며 새롭게 생겨난 사유기업 등을 인정할 수도 있다. 이러한 소규모 사유화는 작지만 대단히 중요한 출발이자 큰 효과를 낼 수 있는 개혁이다. 그리고 사회주의 정권으로서도 당장 크게 부담이 되지 않는 정책이다. 그러나 체제이행 초기부터 이 기업들은 고용을 창출하며 경제성장을 촉진한다. 그리고 정치적으로도 추후 개혁의 지지 세력이 될 수 있다. 만약 소규모 사유화가 성공적으로 시행된다면 체제이행의 첫 출발은 매우 순조로운 것으로 평가될 수 있다.
- 경쟁제도 도입: 기업의 진입, 퇴출과 이를 뒷받침 하는 제도를 도입하는 것이다. 경쟁의 자유는 먼저 소규모 사유기업들의 진입, 퇴출을 인정하는 것이

다. 즉, 사유기업이 망해도 정부가 이를 구제하지 않는 것이다. 또 정부가 각종 법과 제도를 통해 장벽을 쌓지 않아야 진입이 자유로울 것이다. 그리고 더 나아가서 국유기업들과 이러한 사유기업들이 서로 경쟁할 수 있도록 내버려두는 것이다. 이를 통해서 국유기업들도 시장경쟁의 압박을 받아 효율성을 증진하려는 노력을 기울일 것이다. 가능하다면 파산법, 경쟁법 등을 제정해 이를 법적으로 보장하는 것도 고려할 수 있다.

- 가격자유화: 가격메커니즘을 도입해 자원의 효율적 분배를 도모하는 것이 목적이다. 가격자유화 방법으로는 완전 가격자유화와 점진적 가격자유화가 있는데 완전 가격자유화를 실시하는 데서 올 수 있는 충격 등을 고려해 점진적 가격자유화를 시행할 경우, 이를 집행할 수 있는 행정능력이 필요하다. 현재 북한에서는 가계 소비재 구입 지출의 70~80% 정도가 시장에서 이루어짐에 따라 체제 붕괴 이전의 구소련, 동유럽 국가들에 비해 실질적 가격자유화 정도가 높은 편이다. 북한 정부는 재화에 대한 가격통제 기능을 대부분 폐지하되 필수 소비재에 대해서는 이를 보류할 수도 있다. 혹은 필수 소비재 가격도 자유화시키되 일정 수준 이하의 소득을 가진 가계에는 식품 쿠폰을 지급하거나 소득보전을 통해 생계를 유지하게끔 도울 수 있다.

- 이원적 은행제도 구축: 현재 북한은 중앙은행과 상업은행의 기능이 법적으로만 구분되어 있을 뿐 실제로 상업은행은 존재하지 않는다. 이러한 상태에서는 금융의 중개 기능이 작동되지 않고, 그 결과 투자와 기업활동을 위한 재원조달이 제대로 이루어지지 않는다. 이원적 은행제도를 구축하기 위해 먼저 조선중앙은행을 상업은행 기능과 중앙은행 기능으로 분리한 후, 전자는 상업은행, 후자는 중앙은행으로 독립시켜야 한다. 그리고 예금보험제도를 도입해 일정 한도 이하의 예금은 원금보장을 해서 은행에 대한 주민의 신뢰도를 제고시켜야 한다. 또한 중앙은행은 시장경제에서의 중앙은행 기능, 즉 발권과 화폐정책의 운용, 상업은행의 감시·감독을 맡아야 한다.

- 무역자유화: 현재 국가가 지정하고 있는 무역 주체를 다양화하는 데서 출발할 수 있다. 이를 통해 무역거래 품목을 다양화할 뿐 아니라 무역량을 증가시키고 국제 가격체계를 국내로 수입함으로써 물가안정과 경쟁을 촉진할 수 있다. 또한 무역자유화는 외국자본 도입, 즉 외국인직접투자(Foreign Direct Investmant: FDI)에 필수적이다. 그리고 필요할 경우 경제특별구역을 지정하거나 기존에 지정된 구역을 활용할 수 있을 것이다.
- 국제금융기구 가입 추진: 중기 말에 이르면 국제금융기구 가입 여건이 성숙된 것으로 볼 수 있다. 국제금융기구 가입은 국제기구들의 지원과 해외자본 도입의 선결 조건이다.

이러한 체제이행 중기 정책의 핵심은 수출을 통한 성장과 이런 성장을 통한 안정화이다. 체제이행국들이 자생적 성장에 이르기 위해서는 그 국가의 비교우위를 잘 활용할 필요가 있다. 북한의 경우 낮은 임금, (상대적으로) 고숙련·고학력인 노동력, 근접 거리에 있는 잠재적 수출시장 등이 유리한 초기 조건이다. 이러한 조건은 수출을 통한 북한 성장의 잠재력이 매우 크다는 점을 시사한다. 따라서 북한이 이와 같은 조건을 잘 활용하면 비교적 단기간 내에 경제성장을 이룰 수 있을 것이다.

수출을 통해 성장하려면 북한의 임금을 저임금으로 유지할 필요가 있다. 따라서 최저임금제, 외국자본에 의한 대단위 건설 사업 등 북한 제품의 생산 비용을 증가시켜 가격경쟁력을 저해하는 정책은 지양될 필요가 있다. 이를 위해서는 상당 기간 남북 경제를 분리·발전시키는 것이 유리하며 화폐통합도 북한의 경제적 여건이 성숙한 이후 시행하는 것이 바람직하다. 물론 남북 경제를 일정 기간 분리·발전시키려면 이에 적합한 정치적 구조가 확립되어야 한다. 예를 들면 북한 정권이 중국처럼 붕괴를 경험하지 않고 자발적으로 이행을 시도하는 경우에 남북 경제의 분리, 발전 가능성은 더 높아진다.

4) 체제이행 후기 정책

체제이행 후기에는 그동안 이행정책으로 말미암아 형성된 제도와 인적 역량을 기반으로 하는 체제이행 중 비교적 복잡하고 어려운 정책으로 간주되는 과제들을 다루어야 한다. 여기에는 대규모 기업과 상업은행의 사유화, 기업·산업의 구조조정과 통폐합 등이 포함된다. 그리고 이 단계에서는 자본시장의 실질적 운용과 자본자유화 등을 실시해 자본조달 기능을 활성화할 필요가 있다. 또한 사유재산권을 법적으로 인정하고 중앙계획을 폐지하는 헌법을 제정해 법적으로도 시장경제로의 체제이행을 완료시킬 필요가 있다. 체제이행 후기 정책의 구체적 내용은 다음과 같다.

- 대규모 사유화: 대규모 기업의 사유화와 구조조정, 상업은행의 사유화와 신규 은행의 진입 등은 자본주의로의 체제전환에서 가장 어려울 뿐만 아니라 사회주의 정권으로서는 대단히 부담스러운 정책이다. 적어도 단기적으로 대규모 실업이 일어날 수 있고 근로자나 주민의 반발도 예상되기 때문이다. 따라서 이러한 정책들은 경제성장이 본격화한 이후 시행하거나 체제이행 후기에 시행하는 것이 바람직하다. 먼저 대규모 기업들을 생존가능성에 따라 다음과 같이 분류한다. ① 현 상태에서도 생존가능한 기업, ② 재정을 투입해야 생존가능한 기업, ③ 장기 생존이 불투명한 기업, ④ 현 상태에서 바로 청산될 필요가 있는 기업으로 나눈 후 각각에 적용되는 원칙을 세워야 한다. 그리고 상업은행의 사유화를 추진하되 금융 노하우가 있는 남한 및 외국자본의 유지를 적극적으로 고려할 필요가 있다.
- 기업·산업의 구조조정과 통폐합: 은행과 대기업의 구조조정과 통폐합(부채, 인력 조정 등), 군수산업의 구조조정과 민간 목적으로의 전환 등이 필요하다. 이를 위해서는 구조조정 전담 기구를 설립하고 부실채권을 한꺼번에 확실히

정리하는 것이 중요하다.

- **자본시장 활성화**: 자본시장의 개설은 초기나 중기에도 이루어질 수 있지만 실제로 활성화하는 것은 대규모 사유화 이후에 가능할 것으로 전망된다.
- **자본자유화**: 외국자본의 포트폴리오 투자를 인정하되 경제상황을 보면서 점진적으로 추진할 수 있다.
- **사유재산권의 법적 인정**: 이 단계에서는 사유재산권을 법적으로 인정하는 것이 필요하다. 그 방편으로 재산권등기제도를 실시하며 사유재산권을 헌법이나 여타 법에서도 전면적·공식적으로 인정해야 한다.
- **중앙계획 철폐**: 중앙계획을 법적으로 완전히 폐지하고 경제조정 기능을 시장에 맡겨야 한다.

5) 급변사태 후의 점진적 전략

북한이 급변사태를 경험하고 난 이후 체제이행을 시도한다면 다음과 같은 세 가지 가능성이 존재한다. 첫째, 새롭게 등장한 북한 정권이 사회주의 정치체제를 유지한 상태에서 체제이행을 시도하는 경우이다. 둘째, 북한 정권이 붕괴하고 정치적·경제적·사회적 혼란 상태에서 유엔 등 다국적군이 개입하거나 외국군이 진주해 치안을 유지한 상태에서 신탁통치가 이루어지는 경우이다. 셋째, 북한 붕괴로 남북한 통일이 선언되고 실제 통일이 단기간에 일어나는 경우이다.

앞에서 논의한 점진적 전략은 이상 첫 번째 시나리오 아래에서는 수정 없이 적용될 수 있다. 단지 새로운 북한 정권이 체제이행을 결정한다면 현재 정권이 붕괴하지 않고 체제이행을 결정하는 경우에 비해 그 진전 속도가 빠를 것이다. 반면 사회주의 정치체제를 유지하는 한 급진적 전략은 수용되기 어려울 것이다. 따라서 이 경우 가장 채택 가능성이 높은 이행전략은 점진적으로 체제이행을 시도하되 정권의 붕괴를 경험하지 않고 이행을 시도하는 경우보다 각 단계를 거치는 기간을 줄여야 할 가능성이 크다.

두 번째 시나리오가 발생한다면 앞에서 논한 체제이행 초기·중기 정책을 동시에 시행한 다음에 체제이행 후기 정책을 시행하는 것이 바람직하다. 그리고 후기 정책 가운데서 사유권의 법적 인정과 중앙계획 철폐 등도 초기에 집행될 수 있다. 그러나 대규모 사유화나 기업과 산업의 구조조정 및 통폐합은 제도적 역량이 뒷받침되어야 하므로 후기에 집행하는 것이 바람직하다. 즉, 점진적 체제이행 방안은 북한이 급변사태를 경험했다 하더라도 남북한의 신속한 통일 시나리오를 제외하고는 그대로 적용·변형될 수 있다.

3. 남북한 경제통합 시나리오

1) 통일과 경제통합, 통합의 원칙

남한의 대북정책은 그 목표에 의해 영향을 받는다. 만약 정치적 통일을 이루어 하나의 국가가 되는 것이 목표라면 이에 따라 대북정책 내용이 바뀌어야 한다. 반면 정치적 통일까지는 이르지 않고 경제통합만 남한이 지향하는 목표라면 여러 정책, 예를 들면 사회안전망과 관련된 정책은 남북이 각각 독립적으로 운용할 수 있다. 혹은 경제통합 이후 통일 여부를 결정하는 방식으로 진행할 수 있다. 이 연구에서는 일단 경제통합이 이루어진 이후 정치적 통일로 진행된다고 가정한다. 따라서 남북한은 독일과 같은 급진적 통일보다는 점진적인 반면, 유럽연합과 같이 주로 경제통합 상태에 머물러 있는 정도보다는 훨씬 진전된 통합 혹은 통일의 형태를 취할 것이다.

북한의 체제이행 시 남북 관계의 목표가 정해지면 더욱 효율적으로 이행을 견인할 수 있다. 예를 들면 경제통합이라는 이행 목표가 주어지기 때문에 제도를 수립하고 정책을 결정할 때도 가능하면 남한의 그것과 일치시킬 것이 요구된다. 이는 북한이 체제이행 과정에서 도입할 제도와 정책에 대해 여러 가능한 대안을 모색하고 결정하는 데 드는 비용 절감에 기여할 수 있다. 따라서 남한은 남북 관계를 궁극적으로 어떻게 설정할지에 대해 가능하면 북한의 체제이행 이전까지 명확히 결정해야 한다.

남북통합의 원칙은 다음과 같이 설정할 수 있다. 첫째, 북한의 최소 체제이행이 이루어진 후 경제통합이 시작되어야 한다. 이는 북한의 최소 체제이행이 선행되어야 남북 경제통합이 북한 경제성장을 제고시킬 수 있기 때문이다. 만약 북한이 체제이행의 초기 단계에도 들어서지 못했다면 그 상태에서 남한의 대북지원이나 경제협력이 북한의 성장에 미치는 효과는 크게 제한되거나 거의 없다고 판단할 수 있다. 따라서 북한이 체제이행이라는 루비콘 강을 건너기 전의 대북경제정책은 북한 리스크 관리와 인도적 구호, 북한의 인적 자본 보존과 개발에 관심을 두어야 한다.

둘째, 남북 경제통합은 북한의 체제이행 단계와 연계되어야 한다. 만약 남북통합이 북한의 체제이행보다 너무 앞서서 진행되면 북한의 자생적 경제성장에 해로울 수 있다. 예를 들어 체제이행 초기에 북한이 대규모 투자를 시행하면 북한 임금이 상승해 북한 제품의 가격경쟁력이 저하될 가능성이 있다. 즉, 남한은 대북투자 시 북한 제품의 가격경쟁력 효과를 고려해야 한다. 이러한 고려 없이 남북 경제통합만 서둔다면 북한의 경제성장은 저해되고 통일비용은 증가할 것이다. 오히려 남북 경제통합 과정과 체제이행 과정이 서로 상승작용을 할 수 있도록 남북 경제통합전략을 구상해야 할 것이다.

셋째, 자연스러운 진화 과정으로서 남북 경제통합이 이루어지도록 해야 한다. 좀 더 구체적으로 북한의 성장과 개발을 남한이 책임지고, 남북한 경제통합을 조속히 실현한다는 방식의 접근은 지양하고 북한이 독자적으로 잘 성장할 수 있도록 돕는다는 접근법을 취해야 한다. 이러한 방안은 북한 주민의 일하고자 하는 의지를 배양시키고 북한 정책 결정자들의 개발 의지와 역량을 북돋움으로써 북한의 자생적 경제발전에 기여한다. 그렇지 않으면 남한의 도움을 기대하고 이에 의존하는 관성이 생겨 독자적인 경제성장 가능성이 제한될 것이다.

2) 체제이행과 남북 경제통합의 단계 조응

이상을 고려해볼 때 북한의 체제이행과 남북 경제통합은 〈그림 2-1〉과 같이 단계적으로 조응하는 것이 바람직하다. 먼저 북한의 체제이행 초기에는 경제통합 정책을 시행하기보다 빈곤 구제와 기술적 지원, 인적 교류 등에 집중해야 한다. 즉, 체제이행 초기에는 경제통합을 실제 시행하기보다 이를 준비하는 준비기로 삼아야 할 필요가 있다.

체제이행 중기에 이르면 사회간접자본, 자원개발 투자 등의 산업협력을 적절한 규모와 방법에서 시작함으로써 경제통합정책을 실시한다. 우리는 이 단계를 경제통합의 시작기라고 부를 수 있을 것이다. 그리고 체제이행 후기는 본격적인 체제이행 진행기로서 시장을 개방하고 노동력 자유화를 단계적으로 실시하는 것이 필요하다. 북한의 대규모 사유화에 남한 자본을 참여시

〈그림 2-1〉 체제이행과 경제통합의 단계

체제이행		경제통합
초기	→	준비기
중기	→	시작기
후기	→	진행기
		완료기

키는 등의 통합정책이 필요하다. 이 기간은 통합의 진행기가 될 것이다.

남북 경제통합의 완결 시점은 북한이 체제이행을 완료한 이후에 일어나는 것이 더욱 효과적일 것이다. 즉, 노동이동의 완전 자유화, 화폐통합 등 각종 법과 제도의 단일화는 북한의 체제이행이 완료된 시점에 실시하는 것이 바람직하다. 그리고 이 기간은 경제통합의 완료기가 될 것이다.

3) 단계별 대북경제정책의 목표와 정책

이상 각 단계에서 바람직한 대북정책의 목표는 〈표 2-2〉와 같이 설정될 수 있다.[5] 먼저 체제이행 도입 초기, 즉 남북 경제통합 준비기에는 정책의 목표를 북한 주민의 빈곤 구제와 인적·제도적 역량 구축에 두어야 할 것이다. 그

〈표 2-2〉 북한의 체제이행과 대북경제정책

북한 체제이행 단계	경제통합 단계	대북경제정책	
		목표	정책
초기	준비기	빈곤 구제	· 구호 및 원조
		생산능력 확충	· 개성공단의 전후방 연계 추진
		인적·제도적 역량 구축	· 각종 기술적 지원 · 인적 교류와 교육
중기	시작기	빈곤구제	· 구호 및 원조
		생산능력 확충	· 기존 공단의 확장 및 타 공단의 신설 · 북한 수출 지원(남한 시장 개방)
		인적·제도적 역량 구축	· 각종 기술적 지원 · 인적 교류와 교육
		산업협력	· 사회간접자본 공동 건설 및 공동 이용 · 자원 개발 투자

---

5) 이에 대한 더 간략한 논의는 박명규 외(2010)에서 진행되었다. 즉, 이 연구는 박명규 외(2010)에서 제시된 개략적 논의를 좀 더 구체화하는 데 의의를 둔다.

후기 및 이행 완료 이후	진행기 및 완료기	경제성장	· 남한 혹은 다른 국가 기업의 대북진출 · 사유화 과정에 남한 혹은 다른 국가들의 기업 참여
		인적·제도적 역량 구축	· 각종 기술적 지원 · 인적 교류와 교육
		교류적 통합	· 시장상호 개방 · 자본의 자유이동 · 노동력 이동 자유화의 단계적 실시
		제도적 통합	· 공동관세정책 · 각종 법·제도의 단일화 계획 수립 · 경제정책 단일화 계획 수립 및 추진

자료: 박명규 외(2010)에서 저자 수정 및 보충.

리고 기존 공단을 효율적으로 이용해 생산능력을 확충하는 방안을 모색해야 할 것이다. 체제이행 중기, 즉 경제통합 시작기에는 빈곤 구제와 인적·제도적 역량 구축을 지속하면서 타 공단 신설 및 북한 수출 지원 등의 북한 생산능력 확충과 함께 산업협력을 시작하는 것이 필요하다. 산업협력에는 사회간접자본의 건설 및 이용, 일정 범위 내의 자원 개발 투자 등이 포함된다. 그리고 체제이행 후기와 그 이후, 즉 경제통합 진행기와 완료기에는 체제이행 중기 정책과 더불어 교류적·제도적 통합 등 본격적 경제통합을 위한 정책을 시행해야 한다.

4) 남북 경제통합 정책의 순차

남북이 경제통합을 시도할 때 그 대상 분야에는 인력, 상품 및 서비스, 자본, 사회간접자본, 화폐, 재정, 제도 등이 있다. 그런데 이 통합을 동시에 추진하는 것은 물리적으로 불가능하다. 분야에 따라 준비와 시행 기간이 다르기 때문이다. 그리고 한꺼번에 이 모든 분야에서 통합을 추진하는 것이 바람직하지 않을 수 있다. 즉, 주어진 제도와 인적 역량에 비추어 볼 때 동시적 추

<표 2-3> 남북 경제통합 정책의 순차

통합의 단계		준비기	시작기	진행기	완료기
통합의 대상	노동	· 준비기에는 인적 교류로 시작, 노동의 자유로운 이동은 경제통합 · 완료기에 허용			
	상품 및 서비스	· 준비기, 시작기에는 남한 시장 개방 · 진행기의 초기에 북한 시장 부분 개방 · 그리고 진행기 후기에는 시장 상호 개방			

	자본		· 시작기에는 북한 사회간접자본
			  및 지하자원 투자
			· 진행기에는 남한기업의 대북진
			  출 자유화 등 자본 이동 자유화		

	사회간접자본		· 북한 사회간접자본 투자는 시작기부터 완료기까지 규모를 늘여가며 지속할 필요 있음		
	제도 및 정책	· 준비기와 시작기, 진행기에는 기술적 지원과 교육에 치중 · 완료기에 접어들면 법적·제도적 통합			

주: 회색 상자의 길이는 정책의 시행 시작부터 완료까지 기간을 보여준다. 예를 들어 노동 통합의 경우 준비기에서 통합 정책이 집행되어야 하나 그 최종 통합은 완료기에서 이루어져야 함을 제시한다.

진은 그 역량의 범위를 벗어날 수 있으며 또한 비용 측면에서도 이에 소요되는 대규모 비용을 단기간에 조달해야 하는 부담도 있다. 또한 한 분야의 통합이 다른 분야의 통합을 자극·촉진할 수 있는 효과를 누리기 위해서도 순차적 통합이 필요하다.

통합의 준비기, 즉 체제이행 초기에는 북한 경제의 자생적 성장력을 저해할 수 있는 정책은 피해야 한다. 따라서 대규모 사회간접자본 투자는 지양하는 것이 좋다. 그리고 남한 경제에 큰 부의 충격을 줄 수 있는 정책도 피해야 한다. 이런 측면에서 노동의 자유로운 이동과 화폐, 재정제도의 통합은 북한의 체제이행 완료기에 일어나는 것이 바람직하다.

통합 준비기에는 상품 및 서비스 시장을 통합하고, 통합 시작기에는 먼저 남한 시장을 북한 제품에 개방하고 점차 북한 시장도 개방해나가는 것이 좋다. 이런 조치로 북한의 대남 수출이 증가할 수도 있지만, 역으로 남한 상품이 북한에 너무 조기에 수입되어 북한 산업의 기반을 와해시킬 수도 있기 때문이다.

자본 이동에 관해서는 경제통합 시작기에 사회간접자본과 지하자원 개발 목적의 투자에 치중하되 진행기에 이르면 남한 기업의 대북진출 등을 전면 허용해야 할 것이다. 그리고 제도 및 정책에 관해서는 경제통합 준비기에서부터 남한 제도와 정책에 대해 북한 관료와 기업가, 근로자 등을 교육하는 것이 중요하다. 그리고 경제통합 시작기와 진행기에는 북한의 법과 제도를 남한의 것과 유사하게 점진적으로 변화시키는 것이 필요하다. 그러나 이 단계에서 북한과 남한의 경제제도를 완전히 통합하는 것은 바람직하지 않으며, 주요 경제제도의 단일화는 북한의 체제이행 이후인 통합 완료기에 이루어져야 한다. 즉, 통합 완료기에 이르러 남북 노동이동을 완전히 자유화하고 화폐통합을 실시하며 남한 재정이 북한 재정을 흡수해 재정통합을 이루는 방안이 권장된다.

4. 결론

이 연구는 북한의 체제이행과 남북 경제통합이 점진적으로 진행된다는 전제 아래 체제이행과 경제통합전략을 개관하는 데 목적을 두고 있다. 점진적 전략이 적절하게 실행되면 체제이행의 충격과 남북 경제통합 시 남한이 져야 할 부담도 크게 줄어들 수 있다. 따라서 점진적 통합전략을 효과적·현실적·구체적으로 마련할 뿐만 아니라 북한의 체제이행 단계와 조응하도록 구성하는 것은 대단히 중요한 정책적 과제이다.

이 연구는 북한의 체제이행 단계를 초기, 중기, 후기 세 단계로 구분해 각 단계에서 실행해야 할 정책을 제시하고 그 필요성을 설명한다. 초기 단계에서는 체제이행과 경제성장의 최소 조건으로서 집단농장의 가족농 전환, 계약책임제 시행, 투자의 자유와 교환의 자유를 실질적으로 인정하는 등의 정책을 펴야 한다. 중기 단계에서는 가격자유화, 무역자유화, 이원적 은행제도 구축, 소규모 사유화, 법·제도의 정비, 국제금융기구 가입 추진 등의 정책이 필요하며 후기 단계에서는 대규모 사유화, 기업과 산업의 구조조정, 자본자유화, 자본시장의 실질적 운용, 중앙계획의 폐지와 사유재산권을 인정하는 헌법 제정 등을 주요 정책 과제로 제시한다.

남북 경제통합은 북한의 체제이행 단계와 유기적으로 결합되어야 하되, 북한의 자생적 성장에 기여하는 방식으로 이루어져야 한다. 이를 위해 북한 체제이행 초기 단계는 남북 경제통합의 준비기로서 빈곤 구제와 인적·제도적 역량 구축, 그리고 인적 자본 보존 등을 목표로 해야 한다. 북한이 체제이행 중기 단계에 접어들면 경제통합을 본격적으로 시작하되 산업협력부터 진행해야 한다. 이 산업협력에는 사회간접자본 투자와 건설, 공동 자원 개발 등이 포함된다. 그러나 이 투자가 과도해 북한의 임금을 상승시키고 이로 인해 북한 제품의 가격경쟁력이 약화되는 것을 피해야 한다. 체제이행 후기 단계에는 교류적·제도적 통합을 실시해 물자와 자본의 이동을 자유화하고 북한의 제도와 정책을 남한의 것에 점차 근접시켜야 할 것이다. 그러나 남북한 단일화폐 사용, 공동 재정 운영, 노동이동의 완전 자유화는 북한의 체제이행이 완료된 이후 실행에 옮기는 것을 이 연구는 권장한다.

참고문헌

김병연. 2005. 「사회주의 경제개혁과 체제이행의 정치적 조건: 구소련, 동유럽 중국의 경험과 북한의 이행 가능성」. ≪비교경제연구≫, 12권 2호, 215~251쪽.

_____. 2009. 「북한의 체제이행과 남북경제통합·통일 유형」. ≪경제논집≫, 제48권 제1호. 서울대학교 경제연구소.

박명규·김병로·김병연·박정란·이근관·전재성·정은미·황지환. 2010. 『연성복합통일론: 21세기 통일방안구상』. 서울: 서울대학교 통일평화연구소.

Brauw, A., J. Huang and S. Rozelle. 2004. "The Sequencing of Reform Policies in China's Agricultural Transition." *Economics of Transition*, 12, pp.427~465.

Dewatripont, M. and Gérard Roland. 1992. "The Virtues of Gradualism and Legitimacy in the Transition to a Market Economy." *Economic Journal*, vol.102.

_____. 1995. "The Design of Reform Packages under Uncertainty." *American Economic Review*, vol.85, no.5.

Kim, Byung-Yeon and Gérard Roland. 2012. "Scenarios for a Transition to a Prosperous Market Economy in North Korea." *International Economic Journal*, Vol.26, No.3, pp.511~539.

Murrel, Peter. 1995. "The Transition According to Cambridge, Mass." *Journal of Economic Literature*, 33(1), pp.164~178.

Roland, Gérard. 2000. *Transition and Economics*. MIT Press.

제3장

남북한 경제통합과 북한 기업소 사유화 방안

양운철 | 세종연구소 통일전략연구실 수석연구위원

지난 20년간 공산주의 정권이 지배하던 지역에서 발생한 것은 벨벳혁명(Velvet Revolution), 즉 평화적 민주혁명이었다. 무혈혁명이었음에도 혁명의 표어였던 자유, 평등, 연대의 실현 여부는 가장 타당한 질문이었다(Kornai, 2010: 379).

1. 서론

2011년 11월, 18년간 북한을 통치해온 김정일이 사망하고 그의 아들 김정은이 27세라는 젊은 나이에 후계자로 등극했다. 김정은은 당 제1비서와 국방위원회 제1위원장에 취임했고, 최고사령관까지 겸하면서 북한의 권력을 장악했다. 2013년 12월에는 장성택을 숙청함으로써 김정은 체제를 공고화했다. 향후 북한 체제가 안정적으로 운영될지 여부는 불분명하지만 상당한 정치적 변화가 전개될 것으로 예상된다. 김정은 집권 이후 전 세계가 북한의 변화를 희망하고 있지만 북한의 억압적인 정치체제는 여전하고, 오히려 북한 주민에 대한 통제가 더욱 강화되고 있다. 이러한 가운데 북한은 해외자본 유치를 위해 몇 가지 개방정책을 공표했지만 과거의 사례를 볼 때 성공 여부를 판단하기는 어렵다.[1]

---

1) 2013년 5월 29일 북한은 최고인민회의 상임위원회 정령으로 '경제개발구법'을 제정했고,

북한은 내외 환경의 변화에도 주체사상과 선군사상에 기초해 국가를 운영하고 있고, 미사일 발사와 핵실험을 통해 자국의 위상을 높이려 하고 있다. 이에 대해 국제사회는 북한에 대한 강한 경제제재를 단행했다. 그럼에도 북한의 정치체제는 현재까지는 비교적 안정적으로 유지되는 듯하다. 반면 북한의 공식경제는 지속적인 침체를 거듭해 계획경제의 해체 단계로 가고 있다. 북한 경제가 일시적으로 플러스 경제성장을 달성한 적도 있지만, 이는 내부의 성장동력에 의한 것이 아니라 장마당의 활성화, 자원의 수출, 외부 지원에 따른 성과였다. 북한 경제침체는 비효율적인 사회주의 계획경제 때문이다. 북한 지도부의 주요 관심은 일반 경제가 아니라 김정은과 측근들의 권력을 유지시키고 있는 궁정경제와 군수를 담당하는 제2경제 부문에 있다. 북한은 국방공업을 먼저 발전시키면 중공업의 고성장이 가능하고 나아가 전반적 경제발전도 달성할 수 있다고 주장하지만 군수산업의 속성상 일반 경제에 대한 플러스 파급효과를 기대하기는 어렵다. 국가안보의 관점에서 북한이 군수산업을 포기하면서까지 일반 경제를 회생시키는 시도를 할 것으로 기대하기는 어렵다.[2] 실제로 북한은 유고연방과 이라크가 자위적 국방력을 지니지 못해 제국주의 국가들의 희생물이 되었다고 주장하고 있다(장덕성, 2007: 5).

북한이 선군사상을 국가 통치의 이데올로기로 삼고 있고 북한 헌법에 김일성주의와 김정일주의를 명시하고 있지만, 심각한 경제난으로 경제 개선에 대한 기대와 필요가 높아지고 있다. 기존의 북한 헌법은 국가주석 대신 국방위원장을 국가의 대표로 인정했다. 따라서 당의 역할은 축소될 수밖에 없었으며, 그 공백을 국방위원회가 채우는 기형적인 구조가 되었다. 이 결과 군부

10월에는 경제특구 개발과 실무를 돕는 조선경제개발협회도 창설했다. 일련의 이런 조치가 성공하려면 북한이 시장경제제도를 부분적이라도 수용하는 정치적 양보가 필요하다(양운철, 2013c).

2) 북한의 군수산업 폐해에 관해서는 양운철(2013b)을 참고.

가 정치에 개입하면서 김정일 국방위원장의 1인 독재 영역은 더욱 확장되어 왔다. 그러나 김정은의 권력이 공고해지더라도 북한 선경(先經)정책에 대한 대내외 압박은 계속 증가하고 있다. 북한 경제 개선에 대한 대내외 압박이 없더라도 제도적 모순으로 인해 공산주의 국가의 발전에는 한계가 있다는 점도 간과할 수 없는 사실이다(퍼거슨, 2013: 44~45). 따라서 현 북한 지도부의 경제 운영능력으로 경제를 정상화하기는 힘들 것이라는 주장이 설득력을 갖는다. 이제 북한에 대한 관심은 향후 김정은 체제가 얼마나 지속될지, 어떠한 개혁·개방정책을 시행할지 등에 모아지고 있다.

현재 김정은 체제에서는 경제난 타결을 위한 정책들이 조심스럽게 시행되고 있다. 가장 대표적인 정책은 2012년 6월에 시범적으로 시행된 '6·28 방침'이다. 6·28 방침의 핵심 내용은 협동농장의 분조 규모를 축소해 가족농 형태로 전환하고, 생산물 분배도 국가와 협동농장이 7 : 3의 비율로 정해 농민들의 생산성을 높이는 것이다. 또한 기업소가 자율적으로 생산량을 결정할 수 있도록 했으며, 생산이익을 국가와 기업소가 나누도록 했다. 그러나 북한이 6·28 방침을 시행한 지 1년이 지나도록, 아직 생산량의 증가와 같은 가시적인 변화가 나타나지 않고 있다. 오히려 일반 북한 주민들에게 6·28 방침은 결국 경제활동에 대한 통제만 강화시킬 것이라는 인식을 심어주었다. 북한 주민들에게 6·28 방침과 관련해 국가가 무단으로 개입하거나 약속을 이행하지 않을 수도 있다는 우려가 강하다(양운철, 2013a: 2). 만약 북한의 김정은 체제가 경제개혁에 실패하고 어떤 이유로든 표류한다면 북한 경제는 최악의 상태에 직면할 것이다. 이러한 경우 통일에까지 이르지는 못하더라도 급진적인 경제통합이 이루어질 가능성도 배제할 수 없다. 이런 맥락에서 한반도의 경제통합은 북한의 갑작스러운 정세 변화에 따른 급진적 통합과 남북 간 합의에 의한 점진적 통합으로 구분해 생각해볼 수 있다.

북한은 계획경제를 정상화하기 위해 다양한 정책을 시행했지만, 결과는 실패였다. 일례로 '7·1 경제관리개선조치' 이후에도 공식경제의 상품 공급은 크게 증가하지 않았고 시장만 확산되었다. 대부분의 지역에는 식량이 제대로 배급되지 못했으며,[3] 국영 상점의 기능은 거의 마비되어 단순 소비 제품조차 공급하지 못했다. 현재 북한에서는 국가가 시장을 통제하고 있음에도 급속한 시장화가 진행되고 있다. 상품 및 원자재의 공급난은 개별 기업소에도 영향을 미쳐, 기업소 대부분이 국가의 도움 없이 스스로 원자재를 조달하고 종업원의 생계를 책임져야 하는 현실에 직면해 있다. 원자재와 에너지 부족이 심각해 기업소 대부분이 이미 생산 능력을 상실했다. 북한의 산업구조가 중화학공업에 치중하고 있는 현실을 감안할 때, 기업소를 정상화하려면 막대한 투자가 필요하다. 문제는 자본이 투입된다 하더라도 사회주의 계획경제의 모순이 해결되지 않는 한 기업소의 경쟁력 회복이나 이윤 창출을 기대하기 어렵다는 점이다.[4] 기업소의 회생은 구조조정을 동반한 사유화 과정이 필요하다. 그러나 북한에서 시장경제의 기초인 사유재산권 확립과 사유화는 진행되지 못하고 있다. 특히 사유화의 핵심이라고 할 수 있는 기업소의 소유권 이전은 아직 기대하기 어려운 현실이다.[5] 생산의 효율성을 높이기 위해서는 자본의 유입과 함께 잉여인력의 해고가 동반되어야 한다. 그러나 탈북자들의 증언에 따르면 기업소 대부분이 중앙정부의 지원을 전혀 받지 못하고 있고 생산시설도 축소되었지만 근로자들이 강제로 해고되지는 않았다

---

3) 북한의 식량 생산량은 기상이변이 없는 한 매년 비슷하다. 문제는 생산된 식량이 일반 주민에게 공급되는 것이 아니라 장마당에서 팔린다는 사실이다.

4) 북한의 기업소는 폐쇄되기도 한다. 일례로 남포제련종합기업소의 경우 한때 7000명에 달하는 종업원이 근무했지만, 생산시설의 노후화로 2000년에 공장이 폐쇄되었다. 일부 설비는 2004년 새로 건설된 문천금강제련소로 이전되었다.

5) 2003년부터 지금까지 많은 중국의 기업들이 북한의 자원을 활용하기 위해 투자했지만, 북한이 합작사업과 같은 기업소의 사용권은 허가하더라도 기업소의 지분을 완전히 보유한 사례는 없다.

고 한다. 생산요소의 부족으로 기업소의 정상적 운영이 불가능함에도 국가의 권위 유지와 같은 정치적인 이유로 기업소는 폐쇄되지 않고 있으며, 편법을 통해 형식적 생산만 유지하고 있는 상태이다.[6] 생산시설이 가동되지 않지만 노동자들은 출근해 자리를 지키고 있고, 8·3인으로 불리는 일부 노동자들은 기업소에 돈을 상납해 공식 허가를 받은 뒤 기업소를 이탈해 외부 경제활동에 종사하고 있다. 기업소는 이 같은 비합법적인 자금으로 명맥을 유지하고 있다.

기존의 기업소가 제 기능을 하지 못하면서 비국유 부문의 비중은 계속 늘어나고 있다. 국가의 계획 기능이 약화되면서 생긴 공백은 각 지역의 기업소나 국영농장과 같은 생산주체가 채우고 있다. 북한 정부가 지방화와 분권화움직임을 통제하고 있지만, 결국에는 기업소의 자율권이 더욱 확대되어 또다른 시장화가 진행될 것으로 예상된다. 북한 체제의 내구성이 경제적 상황에 의해 전적으로 결정되는 것은 아니지만, 계획경제의 틈새를 시장이 차지하고 있는 점은 주목할 만하다. 시장의 지속적인 확산은 장기적으로 국가권력을 분산시키고 제도의 변화를 가져올 것이다. 물론 이런 변화가 사회주의계획경제의 이행으로 연결될지 여부는 아직 불투명하다.

이 연구는 한반도에서 급작스럽게 경제통합이 이루어질 경우를 상정하고 있다. 한반도에서 급진적 경제통합이 발생한다는 것은 북한 절대 권력의 몰락에 따른 경제체제의 이행을 의미한다.[7] 이 경우 북한 일반 주민들은 우선

---

6) 야노스 코르나이(János Kornai)는 사회주의 국가에서 나타나는 이러한 현상을 '국가의 온정적 어버이 역할(paternalistic role)'이라고 정의했다(Kornai, 1992: 102~103).

7) 나라별로 차이는 있지만, 기술적인 면에서 볼 때 사회주의 경제체제의 이행은 대략 다음과 같은 정책의 변화에 기초한다. ① 거시경제 안정화, ② 가격자유화, ③ 사유화, ④ 군수산업의 전환, ⑤ 반독점 정책, ⑥ 노동시장 개혁, ⑦ 은행제도 개선, ⑧ 금융시장 개혁, ⑨ 세제개혁, ⑩ 법률 개선, ⑪ 사회복지제도 개선, ⑫ 외환시장 개혁, ⑬ 대외무역제도 개선, ⑭ 외국인투자촉진법의 개선 등이다. 이러한 개혁은 주로 급진적 개혁에 기초하는

정치적 자유와 경제적 풍요를 기대할 것이다. 반면 한국 국민은 통일의 기대와 함께 북한 경제의 체제이행 비용을 부담해야 된다는 염려가 혼재된 복합적 감정을 갖게 될 것이다. 이 연구는 급진적인 남북 경제통합이 이루어질 경우를 가정해 북한의 기업소들이 어떠한 형태로 전환되는 것이 바람직하며, 한국이 어떠한 역할을 수행해야 할지에 초점을 두고 있다. 국영기업소의 사유화는 북한 경제의 발전을 위해서 반드시 달성되어야 할 정책적 목표이지만, 정책 시행 과정에서 상당한 논란의 여지를 남길 것으로 예상된다. 국유기업의 사유화는 효율성과 형평성의 충돌을 가져올 것이고, 이는 남북 경제통합 과정에서 필히 극복해야 할 난제 가운데 하나이다. 이러한 제약 조건 아래 북한 기업소의 사유화 방안을 연구하고자 한다. 제2절에서는 북한 기업소의 현황을 간략히 살펴보고, 제3절에서는 북한과 산업구조가 유사한 러시아, 동유럽 국가들의 사유화 경험을 고찰하며, 제4절에서는 북한 지역의 구체적 사유화 시행 정책을 검토한다. 이 글의 모든 논의는 남북 경제통합의 틀 안에서 이루어진다고 가정할 수 있다.

2. 북한의 기업소 변화 과정

1945년 해방 이후 북한은 모든 토지 및 기업을 국유화했다. 이른바 생산관계의 사회주의적 개조는 1950년대까지 계속되었고, 1960년대에는 사회주의의 공업화가 추진되었다.[8] 이 과정에서 국영기업소의 '지배인 유일 관리제'가 확립되었다. 이는 국영기업소의 지배인이 책임과 권한을 가지고 기업소

데, 이를 가장 잘 반영했던 프로그램은 폴란드 재무장관의 이름을 딴 이른바 '발체로비츠 계획(Balcerowitz Plan)'이다(양운철, 2006: 23).
8) 북한의 사회주의 공업화에 대한 자세한 분석은 이석기(2003: 제2장)를 참고.

를 운영하는 방식이다. 국가의 대리인인 지배인은 기업소 운영과 관련해 상당한 권한이 있었는데, 이 제도는 기업소에 대한 국가의 중앙집권적 통제를 효율적으로 실현하기 위한 수단이었다(김태일, 1993: 18). 그러나 북한의 사회주의 공업화가 발전하면서 기업소 운영이 정치적·기술적인 면에서 복잡한 구조를 띠게 되었다. 이후 북한 국영기업소에는 생산 현장을 중시하는 '대안 사업체계'가 시행되었다. 대안 사업체계는 지배인 중심으로 이루어지는 기존의 공장 운영이 공장의 당위원회를 중심으로 하는 집단 관리체제로 변한 것을 의미한다. 과거와 달리 기업소의 생산계획을 중앙에 먼저 보고한 후 다시 지시를 받아 결정하는 일종의 분권적 성격도 내포하고 있었다. 그러나 1960년대 후반 이후 북한의 계획 작성체계는 중앙정부가 모든 세세한 부분까지 명령하는 이른바 '일원화 세부화' 원칙을 강요하면서 다시 중앙집권적 요소가 강화되었다. 이런 시대 역행적 정책은 아마도 1960년대 북한이 주장했던 '국방·경제 병진노선'에서 영향을 받았을 것으로 추정된다(김태일, 1993: 32). 이후 북한 경제의 모순이 누적되면서 국영기업소 관리와 관련해 지역별 분권화, 연합기업소 체계의 전면적 도입, 독립체채산제 강화, 8·3 인민소비품생산운동 등을 시행했지만, 근본적인 변화는 없었다(이석기, 2003: 88~92).

1990년대 들어서면서 북한 경제는 심각한 위기에 직면했다. 우선은 사회주의경제의 비효율성이 고착화되면서 생산 침체가 나타났고, 자연재해 및 대외환경의 악화로 심각한 식량난과 주민들의 탈북 현상이 발생했다. 북한은 1990년대 후반 이른바 고난의 행군 시기에 최악의 경제상황을 겪었다. 심각한 경제난을 타결하기 위해 북한은 2002년 이른바 7·1 경제관리개선조치를 시행했다. 기업소는 생산량 결정, 가격제정 등에서 상당한 권한을 위임받았다. 주목할 만한 사실은 이 시기에 시장이 확산되어 계획경제의 실패를 보완했다는 점이다. 기업소를 위한 사회주의 물자교류 시장도 허용되었다. 기존에는 국가로부터 하달받았던 생산 재화를 현물 교환 방식으로 시장 거래를 통해 조달할 수 있게 되었다.[9] 시장의 등장은 과거 북한 당국이 계획화를 고수하던 것에 비하면 혁명적인 발상으로 간주할 수도 있다. 그러나 7·1 경제관리개선조치는 사회주의 계획경제의 실패를 시장으로 대체하려는 근본적 시도가 아니라 오히려 계획경제를 정상화하려는 시도였기 때문에 결국은 실패할 수밖에 없었다.[10] 이후 비교적 중앙의 통제가 약한 기업소에서는 자율적인 생산물 조합을 선택했고, 전략적으로 중요한 기업소들은 국가의 계획을 포기하고 필요시 국가의 직접적인 명령에 따라 생산하는 계획의 일원화 및 세부화를 채택하게 되었다(이석기, 2009: 106).

7·1 경제관리개선조치에도 일부 군수 관련 기업소를 제외한 기업소 대부분이 생산을 중단하면서 노동자 다수는 준실업자 상태가 되었다. 일반적으로 경쟁력이 약한 기업소에서 퇴출당한 노동자들은 서비스업이나 소규모 제조업, 자영업 등으로 흡수되어야 했지만, 당시 북한에는 이러한 출구가 없었다. 북한도 기업소 통폐합을 시도했지만, 근본적이고 대폭적인 인력 감축 없이는 기업소 통폐합은 달성하기 어려운 목표였다.[11]

---

9) 사회주의 물자교류 시장에서 기업소는 필요한 재화를 물자교환을 통해 구입할 수 있었다. 그러나 이런 교류 시장은 곧 더욱 발전해 국가가 정한 가격을 무시하고 기업소 임의의 시장가격으로 물자를 조달하게 되었다. 이는 국가의 간섭을 벗어나는 큰 변화였다. 이 과정에서 기업소 지배인의 권한은 확대되었다. 사회주의 물자교류 시장에 관한 상세한 분석은 양문수(2010: 239~246)를 참고.

10) 기업소의 생산량이 부족해지자 소속 노동자들은 임금과 배급을 받지 못해 생산물을 불법으로 거래하거나 탈취함으로써 생계를 유지했다. 기업소의 간부들은 불법 경제행위와 렌트 추구 행위에 몰두하게 되었고, 이는 결국 당의 권위 하락과 정치적 이완현상을 가져오게 되었다(양운철, 2009: 26~27).

11) 북한은 2002년 6월 13일 방직연합회사를 방직공업관리국으로 개명했고, 이후 여러 기업소를 관리국의 이름으로 개편했다. 북한이 연합회사의 명칭을 관리국으로 변경한 것은 중앙당이 간접적으로 운영해왔던 연합회사를 직접 관장해 7·1 경제관리개선조치를 뒷받침하려는 의도였다(〈표 3-1〉 참조).

<図 그림 3-1> 북한의 재정현황

(단위: 억)

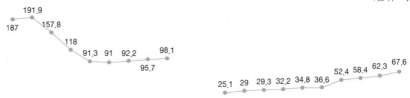

자료: 한국은행(2014).

　더욱이 북한의 국가재정 상태가 악화되어 식량 및 공공재 공급 감소와 함께 성장을 위한 자본재 투자가 불가능해져 북한은 기업소뿐만 아니라 사회 전반에 걸쳐 자원 부족을 경험하게 되었다. 일부 군수 관련 기업소에 자원배분이 먼저 이루어지면서 일반 주민경제는 심각한 타격을 입게 되었다. 최근

<표 3-1> 북한기업소 개편 사례

관할 성	연합회사 이름	관리국 변화
금속기계공업성	전기기계연합회사	전기기계공업관리국
	공작기계연합회사	공작기계공업관리국
	운전기계연합회사	운전기계공업관리국
전기석탄공업성	수력발전연합회사	수력발전관리국
화학공업성	소금연합회사	-
채취공업성	광업연합회사	광업관리국
	유색광업연합회사	유색광업관리국
	인비료연합회사	-
경공업성	방직연합회사	방직공업관리국
	방직기계연합회사	-
	비단연합회사	비단공업관리국
	담배연합회사	-
	일용연합회사	-
	신발연합회사	-
보건성	제약연합회사	-

자료: 연합뉴스(2003: 234~235).

북한과 중국의 교역이 늘어나 북한 재정이 증가하고 있는 것으로 추정되지만 (〈그림 3-1〉 참조), 아직 성장을 위한 자본의 확대재생산은 이루어지지 않고 있다.

결정적으로는 2009년 화폐개혁 이후 화폐가치가 급속히 하락하면서 개인과 마찬가지로 기업소도 큰 타격을 입게 되었다. 중앙정부의 자원배급이 감소하면서 기업소들은 스스로 살길을 찾아나서야 하는 지경에 이르렀다. 결국 북한의 각 경제주체들은 시장과 연계하지 않으면 생존 자체가 위협받는 상황에 직면했다. 이후 시장이 부를 창출하는 장소로 대체되면서 시장은 국가의 견제에도 계속 확산되고 있다. 시장의 활성화는 정보 확산과 빈부 격차를 불러왔고, 시장활동에 따른 학습효과로 시장경제에 대한 이해도 높아지고 있다. 또한 시장의 확산은 계획경제의 침체와 국가권위의 손상을 가속화하고 있다. 일부 기업소는 나름대로 원자재를 조달하고 시장을 개척해 생존하고 있지만 기업소 다수가 국가의 물자 공급만 바라며 생산을 하지 못하고 있다.

3. 체제이행 국가들의 사유화 추진 현황

이런 북한 경제의 어려움을 해결하기 위해서는 이미 유사한 경험을 한 러시아와 동유럽의 역사적 교훈이 절대적으로 필요하다. 1980년대 후반부터 본격적으로 진행된 사회주의 국가들의 체제이행에서 핵심은 서구식 민주주의와 시장경제의 도입이었다. 오랫동안 계획경제를 운영해온 사회주의 국가에서 국영기업의 사유화는 자본주의 제도의 정착을 의미한다. 체제전환 과정에서 사유화의 가장 핵심적인 목표는 경제적 효율성이다. 정책적으로는 생산수단의 사적 소유와 재산권이 가장 중요한 사항이다. 재산권 확립이 보장되지 않으면 자본의 유인과 형성에 인센티브를 제공하지 못해 결국 경제성장을 저해하게 된다. 생산수단의 소유권과 재산권이 보호되고 명확하게 규정될 때 비로소 생산, 교환의 효율성이 증가하게 된다. 따라서 경제적인 효율성을 제고하기 위해 사유화는 필요충분조건이라고 할 수 있다(Moore, 1995: 162~166).

체제전환 과정에서 국영기업의 사유화는 구공산당 노멘클라투라(nomen-klatura)를 신흥 유산자 계급(new bourgeoisie)으로 전환시키는 계기가 되었다. 체제전환의 경험이 전혀 없는 상태에서 구지배계급은 그들의 정치적 힘, 경제운용의 지식, 국영기업의 노동자 등을 적절히 이용해 새로운 자본가 및 경영자 계층으로 탈바꿈했다. 많은 사유화 대상 국영기업체의 경영인들이 정보의 비대칭성을 최대로 활용해 개별 기업의 정보를 독점할 뿐만 아니라 왜곡시키고, 사유화를 담당하는 기관 및 정부 관리들과 결탁해 내부적 사유화를 유도했다.[12] 반면 체제이행이 지속되면서 일반 국민들이 기업가로 변신하는 사례도 발생했다. 러시아의 경우 1988년 5월 '협동조합법(Cooperative Law)'이 도입되면서 많은 사람들이 사업을 시작했다. 주로 일반 소비재를 밀수해 판매했는데, 과거 러시아에 시도되지 않았던 경영기법이나 판매 방식을 활용했다. 여기서 자본을 축적한 '일반 국민 기업가'들은 협동조합법에 따라 소규모 은행을 설립하고 주식을 공개해 큰 부를 축적했다. 이 과정에서 상당한 불법행위가 자행되었다.[13]

문제는 경쟁력을 잃은 국영기업의 존속과 일부 국영기업의 불법적 사유화

---

12) 실제 러시아에서는 공산주의 혁명 이래 노멘클라투라에 속한 당 간부나 국영기업체의 장들이 국가자산의 분배과정에 다른 사람들보다 먼저 관여해 부를 획득했다(Gaidar, 1996: 27).

13) 올리가르히(oligarchi, 러시아의 신흥재벌)로 알려졌던 보리스 베레좁스키(Boris Berezov-sky), 올레크 데리파스카(Oleg Deripaska), 미하일 호도르콥스키(Mikhail Khodorkov-sky), 로만 아브라모비치(Roman Abramovich) 등이 대표적 사업가이다. 올리가르히에 관한 상세한 분석은 김병호(2013: 28~40)를 참고.

〈표 3-2〉 동유럽의 사유화 운용

		국영기업에 대한 정부의 지배			
구조조정	잘된 경우	구동독, 헝가리, 폴란드			
	잘되지 않은 경우	**가격지불** 경매에 의한 직접판매			체코, 슬로바키아
		무상 중간 기관에 기업을 할당	잘되는 경우	대중적 사유화	폴란드
			잘되지 않은 경우	바우처 사유화	체코, 슬로바키아

로 러시아와 동유럽 국가 대부분에서 경제개혁이 지연되고 경제의 비효율성
이 증가했다는 점이다. 이 과정에서 개혁의 주체인 정부는 신뢰를 받지 못했
고, 심한 경우 일부 계층의 권익을 대변하는 소수를 위한 정부로 격하되었다.
이러한 문제점에도 동구 체제전환 과정에서 새로운 체제와 정치적 발전에 대
한 국민들의 만족도는 과거보다 훨씬 높게 나타났다(Przeworski et al., 1996:
39~55). 이런 맥락에서 볼 때 러시아와 동유럽에서의 체제이행은 경제정책을
정치적으로 정당화하는 과정이었다. 체제이행의 이면에는 많은 정치적 제약
이 있었다. 일반적으로 강력한 정부 또는 국민의 절대적 지지를 받는 정부가
경제개혁을 시행할 경우, 신속하게 체제전환이 추진되었다.

동유럽 국가의 사유화는 여러 방식으로 전개되었다(〈표 3-2〉 참조). 일반적
으로 사유화는 기업을 매각하는 상업화, 국영 재산이 되기 이전의 소유주에
게 소유권을 반환하는 재사유화(독일 사례), 사유화가 불가능한 기업의 해체
등 크게 세 가지로 구분된다. 이 과정에서 구조조정의 필요성은 절대적이었
다. 사전 구조조정이 잘 시행되지 않은 국영기업의 경우 종업원 사유화와 투
자가 사유화를 시도하기도 했지만 대부분 파산했다.

구소련 붕괴 후 동유럽 국가들에서는 체제전환이 급속하게 진행되었다.
그러나 각기 다른 정치 집단과 이해 세력의 갈등으로 사유화는 각국의 독자
적 방식으로 진행되었다. 헝가리를 제외한 동유럽 국가들은 체제전환 방식

으로 충격요법을 선택했다. 체코의 경우 초기에는 슬로바키아의 영향으로 체제전환의 효과가 매우 미약했으나 그 후 안정적으로 경제가 운영되었다. 높은 인플레이션은 진정되었고, 고용과 외국인 투자도 증가했고 새로운 경영자들이 계속 등장했다. 체코의 이런 경제적 성공은 노동력이 우수하고 지리적으로 독일과 인접해 자본 유치가 비교적 쉬웠기 때문이다. 헝가리는 상대적으로 일찍부터 금융 부문에서 실용적 경제개혁을 실시했다. 헝가리 경제는 이미 오래전부터 개방되어 많은 외국투자가 있었고, 선택적인 사유화도 성공적으로 단행되었다. 이에 반해 폴란드의 경제개혁은 다소 복합적이었다. 실질성장률은 증가했으나 실업과 인플레이션은 호전되지 않았다.

동유럽 국가들은 사유화를 통해 국가의 독점구조를 타파하고 경제적 민주화를 달성하게 되었다. 사유화 과정에서 유능한 경영인과 시스템이 등장해 혁신적인 경영기법도 도입되었다. 성공적인 사유화는 국민 복지의 증대, 기업 생산성의 향상으로 나타난다. 그러나 사유화가 순조롭게 달성되려면 효율과 형평이 조화를 이루어야 한다.[14] 지나치게 효율성만을 강조하는 사유화는 국민적 합의를 도출하지 못해 결국 큰 정치적 부담으로 남게 된다.

1) 국가별 사례[15]

(1) 폴란드

폴란드는 1980년대 초 자주관리(self-management)제도를 도입했고, 1988

---

14) 형평의 원칙과 관련해 동유럽 사유화 경험에서 주목할 점은 거대 국영기업을 외국인에게 매각하는 문제이다. 외국인에게 매각하는 경우 자국민이 형평을 강조해 외국인 기업 인수에 대한 반발이 높기 때문에 많은 국가들은 외국인 사유화 기업의 구매량을 법으로 규제했다(Hunya, 1997: 280~286).

15) 국가정보원(2008), 세종연구소·코리아정책연구원(2012)을 기초로 작성했다.

년 경제활동에 관한 법률을 제정해 개인영업의 자유를 인정하는 급진적 사유화를 추진했다. 그러나 이러한 정책이 별 실효를 거두지 못하자 1990년 7월 사유화법을 제정했고, 사유화부를 설립했다. 또한 사유화 지원기관으로 외국인투자청과 독점금지위원회를 설립해 적극적으로 사유화를 추진했다. 그러나 국영기업의 사유화는 국내의 정치적 불안과 함께 독일 자본에 대한 폴란드인의 반감 및 대규모 실업사태를 우려한 자유노조의 반대 등으로 당초 계획보다 느리게 진행되었다. 그 당시 폴란드 정부는 1992년까지 국영기업 2700개를 사유화한다는 계획을 세웠으나 1993년까지 기업 500여 개만을 사유화했다. 그 후 폴란드 정부는 경제정책 추진과정에서 국제통화기금(International Monetary Fund: IMF)과 협조해 성공적으로 사유화를 달성했다. 폴란드 정부의 개혁정책과 함께 1990년부터 민간 부문 경제활동이 활성화되면서 1993년에는 민간기업 수가 100만 개에 육박했고, 주식회사 또는 합작회사도 크게 증가했다.

폴란드 사유화의 특징은 국민투자기금(National Investment Funds)을 통해 국영기업을 인수한 후, 주식을 정부가 다시 배분하는 정책이었다. 주식 배분 방법으로는 근로자에게 우대 조건으로 주식을 매각하는 것, 18세 이상의 폴란드 시민에게 민영화 증서인 바우처(voucher)를 무료로 배분하는 것, 연금기금 및 기타 금융기관에 주식을 배분하는 것이 있다. 이러한 결과, 사유화는 많이 진척되었다. 폴란드 사유화의 세 번째 단계는 기업 해체이다. 이 방법은 해체될 기업 자산 가운데 일부를 새로 설립되는 합작주식회사나 종전 국영기업 근로자들이 설립한 유한책임회사에 매각하거나 임대하는 방식이다. 폴란드는 성공적인 사유화를 통해 국내총생산 성장률이 동구 국가에서 최고를 기록했고, 전문 경영인이 등장함으로써 자산도 효율적으로 이용할 수 있게 되었다(김규판, 1994: 98~101).

(2) 체코

체코는 급진적인 경제개혁을 유지하면서 체제전환의 완급을 조절하는 정책을 시행했고, 국영기업의 사유화를 최우선 과제로 삼았다. 체코의 새로운 정부는 1990년 9월 시장경제체제로의 급진적 개혁을 지향하면서 재정건전성 제고, 환율 안정성 확보, 국영기업 민영화 및 탈규제 경제환경 조성 등을 골자로 하는 '경제개혁 시나리오'를 발표했다. 체코는 국영기업과 협동조합(cooperatives)이 국민생산의 97%를 차지해 동유럽에서도 국유 비율이 높은 편이라 사유화의 성패가 어느 나라보다도 중요했다(주 OECD 대표부, 2006: 17). 1990년 10월 소규모 사유화법과 1991년 2월 대규모 사유화법을 제정해 사유화부와 국민투자기금을 설립했다. 사유화를 통해 기업운영의 효율성을 제고하고 국영자산 매각의 공평성을 확보하며 세입을 확보한다는 세 가지 목표를 세웠다. 체코의 소규모 사유화법은 1, 2차 경매를 통해 소규모 기업 약 20만 개를 사유화하려는 것이었다. 공산체제 아래에서 몰수당한 자산을 원소유주에게 반환하고 공기업에서 분리된 소규모 상점, 음식점들이 경매 처분되었다. 중소기업 및 서비스산업 진흥정책도 시행해 중소 제조업 및 초소형 기업이 1990년 말 31만여 개에서 1994년 말 84만여 개로 증가했으며, 서비스산업 비중도 독일 등 서방 선진국 수준으로 확대되었다.

대규모 사유화법은 대규모 국영기업의 사유화를 목적으로 시행되었다. 국민투자기금으로 대상 기업의 자산을 인수한 후 공공매각, 직접매각, 바우처 배분, 국가자산기금으로 이전해 재사유화했다. 체코는 다른 동유럽 국가와는 달리 바우처 배분에 의한 사유화 방식에 크게 의존했다. 대규모 사유화법은 각 국영기업의 사유화 과정에서 기업자산의 일정 비율 이상을 바우처 방식으로 배분할 것을 의무화했다. 이는 국내 자본이 빈약한 체코의 현실을 감안해 국민 다수가 사유화에 참여할 수 있도록 함으로써 국내 자본의 형성과 형평성을 제고하는 데 목적이 있다.

(3) 슬로바키아

슬로바키아는 1993년 1월 1일 체코와 연방 분리했지만, 체코의 사유화법과 같은 방식을 따랐다. 사유화 방식에서는 국영기업의 규모에 따라 소규모 사유화와 대규모 사유화로 구별해 추진했다. 체코와의 연방 분리 이전부터 추진된 소규모 사유화는 1993년 중반에 거의 완료되었고, 1차 대규모 사유화를 통해 700개가 넘는 대규모 국영기업 가운데 상당수가 바우처 방식으로 사유화했다. 또한 일부 국영기업의 자산은 직접 매각, 경쟁입찰, 경매 등의 방법으로 내국인 및 외국인 투자자에게 매각되었다. 1차 바우처 사유화 과정에서 소수의 투자사유화기금(Investment Privatization Funds)으로 소유권 집중현상이 나타나자, 이를 방지하고 외국인 투자자를 적극 유치하기 위해, 2차 대규모 사유화에서는 바우처 방식과 경쟁입찰이 동시에 실시되었다. 그러나 슬로바키아는 형평성에 치중한 채 바우처가 중심이 된 사유화를 추진해 기업운용 제고에는 실패했다.

(4) 헝가리

헝가리의 사유화는 정치안정을 토대로 점진적 경제개혁을 추진한 사례이다. 헝가리는 이미 1989년 조직변경법을 제정해 국유재산을 민간이 공동 소유할 수 있는 법적 근거를 확보했고, 외국인투자법으로 외자유치 근간을 마련했다. 헝가리는 1990년 3월 국가자산청(State Property Agency)의 설립에 관한 법률과 국영재산관리법을 제정했다. 진척이 부진하자 1991년 9월 사유화관리회사(Privatization Management Company)를 설립해 일부 국영기업의 사유화 업무를 분산했다. 헝가리 사유화 방식의 특징은 국민에게 무상으로 분배하거나 재사유화하지 않고, 자발적 사유화, 적극적 사유화, 투자자 주도의 사유화라는 3단계 방식으로 진행하는 것이다(국제민간경제협의회, 1991: 58~63).

헝가리는 다른 동유럽 국가들과는 달리 광범위한 내국인의 사유화 참여를 지원하지는 않았으나, 내국인 투자자들에 대한 특별 여신인 이크레디트(E-credit)라는 금융지원제도를 설립하고 종업원지주제, 종업원에 대한 자산임대제도 등을 실행해 사유화의 인센티브를 제공했다. 다양한 제도를 통해 민간부문의 활성화, 기업의 효율성 등이 제고되었으나, 사유화 대상 기업의 소유권 부재, 사유화에 필요한 시장경제시스템의 부재, 노조의 사유화에 대한 부정적 시각, 외국인투자에 대한 지나친 의존 등이 문제점으로 나타났다. 1992년에는 일시적 국유재산관리법과 영구적 국가재산관리법을 제정해 포괄적사유화 법규를 마련하고, 보상법도 제정해 구공산정권 시절 몰수자산에 대한 보상이 가능하도록 조치했다.

(5) 불가리아

불가리아는 1990년 9월 IMF 가입 이후 가격자유화 등 시장경제체제를 도입했다. 1992년 4월에는 사유화에 관한 법적 토대인 국유 및 시유(市有) 기업의 전환과 사유화에 관한 법률을 마련했고, 사유화청을 신설했다. 사유화 방식으로는 내외국인 투자자에 대한 입찰 매각, 경매, 사유화 대상 기업 총 주식의 20%를 종업원에게 50% 할인해 매각, 임대, 조건부 매각 등을 포함해 시행했다. 그러나 매년 300개가 넘는 기업을 매각한다는 정부 계획과는 달리국내 경기침체, 외국인 투자 부진, 제도 미비, 집권층의 개혁 의지 결여, 정치적 불안정 등으로 국영기업 사유화에는 오랜 기간이 소요되었다. 과거 공산정권 시절 국유화 과정에서 몰수한 개인자산은 원소유주에게 반환했다. 전반적으로 평가해보면 불가리아의 사유화는 체제전환 초기 국영기업의 민영화가 매우 미진했기 때문에 전체적인 경제개혁도 부진했다.

(6) 루마니아

루마니아는 공산정권 붕괴 후 정국 혼란으로 경제개혁이 한동안 지연되었

다. 1990년 중앙은행법이 제정되면서 외자유치의 토대가 마련되었다. 1995
년에는 대량사유화법을 제정해 국가사유화청, 국가 소유권 기금 및 민간소유
권 기금 등의 기구를 설치하고 토지, 주택, 국영기업 및 농업 부문의 사유화
를 적극 추진했다. 토지는 전체 경작지 가운데 80%를 개인 약 500만 명에게
반환하고, 주택은 760만 호 가운데 약 600만 호를 사유화했다. 1989년 혁명
이후 국영농지를 구민간소유권자에게 환원하고 새로운 토지법을 제정해 개
인 간 토지 거래 자유를 보장하는 등 토지사유화를 급속히 추진했다.16) 국영
기업의 사유화는 규모에 따라 대규모 국영기업은 국가소유권 기금 주도로,
중간 규모 기업은 민간소유권 기금으로, 소규모 기업은 기업가와 종업원에게
자산을 매각했고, 국가사유화청 관리 방식이 채택되었다. 다른 동유럽 국가
들과 마찬가지로 루마니아도 국영기업 민영화 과정에서 기득권층의 부정부
패 행위가 만연하고 국영기업이 도산하는 등 일시적인 경제침체가 발생했다.

(7) 러시아

구소련의 사유화는 특권층인 노멘클라투라에 의해서 추진되었다. 소련연
방에서 분리 독립한 러시아는 국가 주도에 의한 실질적 사유화를 지향했다.
러시아는 1991년 7월에 발표한 러시아연방에서의 국영 및 시영기업들의 사
유화에 관한 법 및 1991년 12월에 발표한 1992년 러시아연방 내의 국영 및
시영기업들의 사유화 프로그램 기본 규정에 관한 대통령 포고령을 주축으로
사유화를 추진했다. 사유화 기구로는 '러시아연방 국가재산관리위원회'를 설
립했다. 하급기관으로 지방정부의 국가재산관리위원회, 연방재산기금(Fede-
ral Property Fund), 기업사유화평의회가 설립되었다. 러시아에서 사유화는 세
단계 프로그램으로 진행되었다. 중·소규모 기업은 주로 경매 방식으로 처분

---

16) 새로운 토지법 제정으로 개인 가구의 토지 구매 상한선이 100ha에서 200ha로 확대되었다.

되었고, 대기업은 주식회사로 전환 후 공매 방식으로 매각되었다. 러시아는 자본사유화 방식(주식을 통한 공공매각, 기업의 직접매각, 경매 등)과 대중적 사유화(근로자를 우대하는 주식 매각 및 바우처 방식)를 택했다.[17] 한편으로는 외국인 지분의 상한을 설정하거나, 정부의 사전승인을 규정하는 등 다양한 법적·제도적 제약을 가했다.

(8) 동독

동독은 통일과 함께 서독 경제권으로 급속하게 편입된 특수한 경우이다. 서독 정부는 구동독의 시장경제체제 전환과 사유화를 위해 신탁관리청(Treu-handanstalt)을 설치하고 구동독 기업의 과거 경영성과를 토대로 사유화 매각, 정상화, 폐업 조치 대상 등 세 단계로 분류·처리했다. 신탁관리청은 구동독의 모든 국유재산에 대한 소유권을 독일 연방정부로 귀속하고 구동독 기업의 자산을 평가·매각했다. 신탁관리청은 1994년 12월 31일 업무 종료 시까지 기업 1만 5102개와 부동산 4만 6552건을 매각함으로써 사유화 대상 기업과 부동산 98.5%에 대한 사유화 작업을 완료했다. 이 과정에서 신탁관리청은 경제적 효율성과 정치적 형평성을 사유화 과정에서 분리했다. 예를 들면 신탁관리청은 심지어 마이너스 가격으로 기업을 매각하고, 2044억 마르크에

---

17) 러시아의 사유화에서는 크게 세 가지 방식이 사용되었다. 첫째는 기존 생산시설에 근무하는 관리자들에게 시설을 불하해 소수의 소유자를 만드는 방법(Manager-centered Approach)이었고, 둘째는 생산시설에 근무하는 근로자를 소유자로 하는 방법(General Worker-centered Approach)이었으며, 셋째는 일반 국민들이 주식을 보유해 생산시설을 사유화하게 하는 방법(Individual-centered Approach)이었다. 사유화 작업이 한창이던 1993년에는 노동자가 기업 주식의 25%를 무상 또는 51% 할인 가격으로 구입할 수 있었고, 기업의 사유화 방식을 결정하는 데 투표가 가능했다. 또한 바우처 방식에 의해 노동자의 약 18%가 사유화한 기업에 종사했다(러시아 현지 인터뷰에 기초)(김기수·양운철, 1993: 6~12).

상당하는 기업 부채를 탕감해주었으며, 반면 콤비나트(kombinat) 300개를 기업 8000여 개로 분리시켰다.

독일의 사유화는 기존 기득권 세력의 저항으로 어려움에 처하기도 했다. 일부에서는 시장의 엄격한 원리에 따라 가격을 정한 후 공기업의 자산을 재구성해야 한다는 주장도 있었다(Noland, 1997: 87). 문제점이 많았지만 사유화는 자본 형성의 인센티브를 제공했기 때문에 전반적으로 성공했다고 평가된다(Sinn and Sinn, 1992: 81~82). 사유화 과정 동안 서독 기업의 동독 지역에 대한 투자가 증대했지만 기대에는 미치지 못했는데, 이는 부족한 사회간접자본 때문이었다. 통신, 도로, 쓰레기 처리, 생산력에 비해 높은 임금과 사회복지의 고비용, 기술력을 갖춘 자발적인 노동력 부족 등이 그 원인이었다. 재산의 원상복구를 우선시했던 원칙 때문에 재산소유권을 둘러싼 불확실성이 증가했고 결국 소유권 분쟁으로 막대한 사회적 손실이 발생했다. 일례로 동베를린 근교(외곽) 텔토프(Teltow) 지역에서는 가옥 3채 가운데 1채가 소유권 분쟁에 연관되었다(국가안전기획부, 1997: 339~341). 이러한 소유권 분쟁에 의한 사회적 갈등과 손실을 줄이기 위해 독일 연방의회는 1991년 3월 22일 이른바 투자장애 제거법을 채택해 경우에 따라서는 소유권 반환에 앞서 보상할 수 있는 길을 열어놓았다.

결과적으로 보면 독일 통일 후 구동독은 괄목할 만한 변화를 이룩했다. 사회간접자본이 확충되었고, 자본주의 시장이 형성되었으며, 평균 경제성장률도 증가했다. 그러나 많은 기업들이 도산했고, 실업률도 증가했으며 서독 사람들은 막대한 재정적 지원을 부담해야 했다.

4. 북한의 사유화

남북한 경제통합으로 예상되는 어려움은 북한 기업의 사유화 문제이다. 북한은 거의 100% 기업이 국유화되어 있다. 이는 중국과도 상당히 대비된다. 중국은 체제전환 초기 농업이나 산업 분야에서 상당 부분 개인소유(경작권)를 허용했기 때문에 점진적 개혁이 상대적으로 용이했다. 반면 동독이나 체코슬로바키아에서는 생산수단의 90% 이상이 국가 소유였기 때문에 충격요법이 실행되었다.

북한의 산업 기반은 거대한 군수공업과 그와 관련된 중화학공업에 기초하고 있기 때문에 점진적 개혁에 따른 경제시스템의 전환을 기대하기는 힘들다. 점진적 개혁은 중간 기간이 길기 때문에 군수산업을 비군수산업으로 전환하기 위해 막대한 조정비용(adjustment cost)과 재투자가 필요하다. 따라서 국영기업의 파산 가능성이 매우 높아진다. 더욱이 북한은 공업화 단계가 높은 '선진국형 사회주의 국가'이기 때문에 전환비용이 상당히 클 것이다. 또한 북한 상품의 대외경쟁력이 상대적으로 낮기 때문에 신속한 시장기구의 도입을 통한 급진적 개혁이 훨씬 효과적일 것이다. 따라서 통일한국에서는 북한의 사회주의 계획경제를 가능한 한 빨리 정리하고, 시장경제를 도입해 자본주의 제도를 신속히 확립해야 한다. 이 과정에서 사유화의 역할은 매우 중요하다.

거대한 중공업 시설에 대한 대규모 사유화를 실시한다고 하더라도 기업소의 가치가 매우 낮기 때문에 매각은 어려울 것이다. 반면 소규모 시설에 대한 사유화는 경매에 의한 사유화가 될 가능성이 높다. 그 이유는 경매에 의한 사유화는 구매자들의 경쟁을 통해 판매가격이 결정되기 때문이다. 실제 북한의 기업평가에 대한 정보가 부족하기 때문에 경매 방식은 평가와 협상의 문제를 동시에 해결할 수 있다는 장점이 있지만, 가격을 기준으로 하는 경우 투자자가 고용이나 투자 보장을 받을 수 없다는 문제가 발생할 수 있다(정형곤, 1996: 30).[18] 그러나 기업소의 가치가 워낙 낮기 때문에 대중적 사유화나 경매를 통한 사유화의 성사 비율은 상당히 저조할 것으로 예상된다. 오히려 한반도의 지형학상 토지의 비율이 매우 낮은 점을 고려해 토지를 사유화하는 방안이 더욱 효율적일 수도 있다.

만약 북한의 기업소가 성공적인 구조조정을 통해 효율성이 제고된다면 시장원리가 정착될 것이고, 법적·도덕적·윤리적으로도 공정성이 확립될 것이다. 체제이행 과정에 수반되는 경제적 비용을 최소화하기 위해서라도 기업소 개혁은 신중하게 시행되어야 한다. 장기적으로는 기업소의 매각이나 사유화도 고려해볼 수 있을 것이다. 사유화가 모든 사회 구성원을 만족시키는 '이상적' 정책은 아니지만 기업의 지배구조를 혁신적으로 전환한다는 점에서 중요하다. 현재 북한에서 기업소마다 나름대로 자율권을 인정한다고 하지만 사유화와는 아직 거리가 멀다. 사유화는 가격자유화의 전제 조건이므로, 우선 법적 토대를 마련한 뒤 사유화를 위한 구체적 계획, 즉 상업화가 진척되어야 한다.

1) 사유화 시행의 단계

(1) 재산권의 명확한 규정

사유화 과정에서 가장 먼저 준비해야 할 사항은 사유화를 담당할 민주적 기관을 설립하는 것이다. 독일은 신탁관리청을 계승·발전시켜서 사유화를 비교적 무난하게 처리했다. 또한 외부 투자자들을 확보하려면 재산권에 대해 신뢰할 수 있는 법·제도를 확립해야 한다. 로널드 코스(Ronald Coase)가

---

18) 정형곤은 이러한 문제점을 지적하며 '2단계 경매'가 해결책이라고 주장한다.

지적한 것처럼 재산권에 대한 규정이 명확하지 않으면 재산권 분쟁 시 높은 거래비용이 발생한다. 따라서 투자자의 법적 위험성을 최소화할 수 있는 치밀하고도 포괄적인 법과 제도가 선행되어야 한다.

이 과정에서 예상되는 과거 소유권에 대한 분쟁을 줄이기 위해 원 소유주에 대한 반환 및 보상이 실시되어야 한다. 독일의 경우 과거 소유권에 대해 보상보다는 원상회복의 원칙을 택했으나, 많은 문제점이 야기되었다.[19] 통일한국은 현 소유주의 불안을 해소시키면서, 과거 소유주의 재산권도 보상하는 방안을 실행해야 한다. 이때 지나치게 현 소유주의 입장을 강화하는 정책은 바람직하지 않다. '특별법' 등을 제정해 과거 소유권의 효력을 잃게 해서는 안 될 것이다. 다음으로 제기되는 문제는 '과연 북한 국영기업들의 진정한 소유자가 누구인가?' 하는 점이다. 물론 국영기업은 인민 소유라고 하지만, 실제 국영기업의 통제권은 당 간부나 관료가 장악하고 있기 때문에 국영기업의 소유권에 대한 명확한 명시가 필요하다.[20]

사유화 과정에서 구매자는 한국 또는 북한의 화폐를 동시에 사용할 수 있어야 한다. 즉, 화폐통합이 완전히 이루어지기 전까지 남북한 화폐가 동시에 통용되는 중간 단계가 필요하다. 이는 남북 간 거래에서 상대적 가격을 서로 알게 됨으로써 화폐의 비교 가치를 명확하게 파악할 수 있다는 장점이 있다. 이 경우 북한의 화폐는 남한의 화폐에 대해 변동환율제를 실시해 북한 제품의 경쟁력을 높이고 체제전환에서 예상되는 화폐통합의 부작용을 최소화해

---

19) 독일도 원상회복의 문제점에 따라 1991년 3월 15일 새로운 법률을 제정해 원상회복의 원칙에 제약을 가했다.

20) 스베토자르 페요비치(Svetozar Pejovich)는 사회주의 국가에서 사용되는 국가 소유라는 표현은 진정한 소유자를 은폐하는 외형이며, 국유기업의 실제 소유자는 공산당 정치국(politiburo)이었다고 주장한다. 실제로 1980년대 후반 이후 중앙정부의 통제력이 약화되었을 때 국유기업에 대해 일정한 재산권리가 있다고 생각하는 모든 집단이 그들의 지분을 주장했다(Pejovich, 1990: 97).

야 한다. 한시적으로 서로 다른 화폐를 사용하는 것은 사유화를 촉진시킬 것이다.

(2) 산업구조조정

북한의 체제전환 과정에서 고려해야 할 또 다른 사항은 경제의 구조조정 문제이다. 북한의 산업구조는 중공업 중심이다. 그러나 중공업 시설들은 낙후되었고, 산업의 생산은 매우 저조한 실정이다. 북한의 경제가 이상적으로 전환된다면, 중공업 비율은 대폭 낮추고 저렴한 임금을 바탕으로 한 경공업 제품의 생산은 늘려야 한다. 이 경우 자본이 부족해 중공업 산업이 계속 위축되므로 생산이 감소하게 된다. 결과 경공업 산출량은 늘어나지만 중공업 산출량은 대폭 줄어든다. 따라서 체제전환 과정의 총생산량은 감소할 수밖에 없다. 이 같은 상황 아래 중공업 부문에서는 대량 실업 문제가 발생할 것이다. 그러나 이는 반드시 겪어야 할 고통이다. 이를 최소화하기 위해 대체산업(경공업, 서비스산업 등)을 적극 발전·유치시켜야 한다. 특히 국내의 자본이 부족할 때는 과감한 개방을 통해 고용을 최대한 창출해야 한다. 이는 개방경제와 관련시켜보면 더욱 명확하다.

북한은 전통적으로 거대한 군수시설을 포함하는 자본재 생산시설에 기초해 산업구조를 유지해왔다. 따라서 노동보다는 자본이 상대적으로 비교 우위에 있다. 이를 반영하듯 주요 산업은 전부 중공업에 치중해 있다. 그러나 통일 후에는 이러한 현상이 더 이상 유지될 수 없다. 통일 후에는 상대적으로 저렴한 노동임금 때문에 노동집약적 재화(특히 단순 노동재)가 비교 우위를 점할 것이다. 노동의 자본에 대한 상대적 가격이 훨씬 저렴하기 때문이다. 결국 통일 후 개방경제체제 아래에서 산업기반은 노동집약재화의 생산에 주력하게 될 것이다.

그러나 경제통합 후 북한 지역에서 나타나게 될 문제점은 자본을 노동으로 대체하기가 어렵다는 데 있다. 생산요소를 대체하기 위해서는 조정비용이 드는데, 북한의 낙후된 시설을 개보수하려면 천문학적인 비용이 든다. 일례로 러시아에서는 탱크를 생산하던 군수공장에서 주전자를 생산했는데, 생산시설을 전환하기가 경제적·기술적으로 극히 어려웠고 자본과 노동의 생산성도 극히 낮았다. 따라서 체제전환 시 북한 지역의 총생산은 감소할 것이다. 경제적 손실을 최소화하기 위해서는 대체비용이 지나치게 높은 산업시설은 과감히 포기해야 한다. 잉여인력의 재교육을 강화하고, 외국인 투자도 적극 유치해야 할 것이다.

북한의 기업소들은 구체적이고 실질적으로 사유화되어야 한다. 우선 소유권이 국가에서 개인으로 변해야 한다. 이 단계에서 통일정부는 가장 큰 이득을 얻을 수 있는 투자 방식을 잘 파악해야 하며, 누가 주체가 될 것인지 결정해야 한다. 사유화를 북한인에게만 허용할지 아니면 한국인이나 외국인도 포함시켜야 할지 정해야 한다. 현재를 기준으로 본다면 자본과 기술이 결여된 북한 주민들에게만 사유화를 허용한다는 것은 거의 불가능하다. 하지만 한국과 외국의 기업들이 북한의 사유화에 적극 개입하는 경우 '분배의 정의'를 올바르게 실행하지 못할 수도 있다. 만약 소유권이 러시아나 동유럽처럼 바우처 구입을 통해서 분배된다면 분배의 정의를 실현할 수 있겠지만, 재정이 부족해지고 사유화한 기업도 심각한 경영난에 봉착할 것이다. 따라서 사유화에는 북한 주민, 한국인, 외국인이 골고루 참여하는 정책이 필요하다.

사유화에 대한 가치판단은 경제학에서 전형적으로 나타나는 효율과 공평의 상충(trade-off)관계 속에서 무엇을 선택하는가의 문제이다. 이 문제의 명확한 답은 개인의 주관에 따라 다르지만 다양한 방식으로 진행되는 사유화정책을 통해 어느 정도 문제점을 해결할 수 있다. 일례로 농지를 분배하는 문제의 경우 모든 농민에게 농지를 균등히 분양해서 경작할 수 있게 하는 반면, 도시 근로자에게는 농지 대신 주택을 균등 원칙에 따라 분배할 수 있을 것이다.[21] 그러나 분명히 인식해야 할 점은 지나치게 평등만 강조하는 것은 매우 비경제적이라는 것이다. 예를 들어 농지나 주택의 분배를 완전한 평등 원칙 아래 해결한다는 것은 현실적으로 불가능하다. 이런 맥락에서 사유화는 효율성과 생산성의 원칙에 기초하고 있다. 효율적인 사유화는 기업과 경영인에게 경제적 자유를 제공함으로써 상품의 공급과 고용을 늘려 국가경제에 일조한다. 이 과정에서 추가적인 세금 징수나 화폐 발행은 감소하게 된다.

역사적으로 경험한 것처럼 사회주의 경제체제는 자본주의 체제에 비해 낮은 경제성장과 발전을 이룩했다. 통일한국의 경우 경제적 효율성을 제고시키고 소득분배의 공평성을 이루기 위해서는 가능한 한 많은 외국 투자자를 유치해야 한다. 급격하면서도 적극적인 사유화는 단기적으로는 북한 기업의 비능률을 제거하고, 장기적으로는 높은 소득과 고용을 창출하기 위한 최선의 방법이다.

사유화 과정에서는 소규모 사유화와 대규모 사유화를 구분해야 한다. 소규모 사유화란 식당, 가게, 극장, 호텔 등 주로 서비스 부문에 있는 소기업들을 사유화하는 것이다. 동유럽의 경우 소규모 사유화 과정에서도 재산권 분규가 발생했지만, 이를 해결하는 문제는 비교적 쉬운 편이었다. 분쟁이 발생하면 소기업을 운영하는 경영진에게 회사의 소유권을 파는 방법이 가장 널리 통용되었다. 현재 경영인들은 내부 재무구조, 고객 관리, 조직 운영 등에서 외부인보다 정보 우위를 점하고 있다. 북한의 경우도 소규모 국영기업소 책임자들이 경영을 직접할 때 훨씬 효율적일 수 있다. 실제로 구동독 지역에서는 이러한 방법이 성공을 거두었다. 그러나 현재 경영인 인수 방식에도 문제점이 몇 가지 있다. 우선 기존의 기업소 책임자들이 시장경제를 경험하지 못

---

21) 예를 들어 가족 수에 따라 주거할 집의 평수를 제한하거나 또는 정부에게 어느 정도의 부채를 안고 집을 인수하는 것 등이다.

했다는 점과 회사 인수에 필요한 재원 조달에 어려움이 있다는 점이다. 이러한 약점은 자본주의 교육 프로그램과 외국 기업과의 합작, 기술지도 등을 통해 극복할 수 있을 것이다. 외국 기업과의 합작에서 성공을 거둔 좋은 예가 헝가리이다.

소규모 사유화와 달리 대규모 사유화는 항구, 교통 및 통신수단, 에너지 관련 기업, 방송국, 기간산업 등 거대한 국유기업을 사유화하는 것이다. 대규모 사유화 과정에는 상당한 비용과 시간이 들기 때문에 정부의 치밀한 계획과 외부 구입자들의 재정능력이 가장 중요한 전제 조건이다. 이러한 대규모 사유화를 순조롭게 진행하기 위해서 경매 방식이 선호된다. 경매 방식은 사유화 대상 기업을 구입하고자 하는 잠재적 수요자들로부터 가장 높은 가격을 얻을 수 있다. 북한 기업소의 경우 정확한 기업소 재정·운영 정보가 결여되어 있다. 따라서 경매는 외부 구매자들에게 이러한 불확실성 문제를 객관적이며 바람직한 방향으로 해결해줄 수 있다는 장점이 있다. 그러나 가격에 기초한 경매제도의 문제점은 국영기업을 인수할 투자자들이 장래의 고용이나 투자를 효율성으로만 판단한다는 점이다. 따라서 대규모 사유화가 실행되면 대량 감원이 부수적으로 나타난다. 이때 경매에 참여하는 투자자들에게 미래의 고용과 투자계획을 우선 제출하게 한 다음 선별해서 경매에 들어가는 방법을 시행하면 어느 정도 해고와 투자 부족의 부담을 줄일 수 있을 것이다. 그러나 경매가 이루어지지 않는 경쟁력이 미약한 기업들이 진정한 어려움을 겪는다. 경매에서 탈락한 기업들이야말로 경영개혁의 필요성이 절실하다. 이 기업들은 문을 닫게 될 것이다. 구동독은 이러한 문제를 해결하고자 투자자들로 하여금 기업 전체를 매각하지 않고 일정 지분이나 경영권만 매각하고 지분 대부분은 정부가 소유하는 방식을 택했다. 이 경우 외부 투자자들의 투자계획이 원래 계획과 달라지면 투자자들은 획득했던 소유지분을 전부 정부에 돌려주어야 한다. 그러나 투자계획대로 순조롭게 진행될 경우 정부는 지

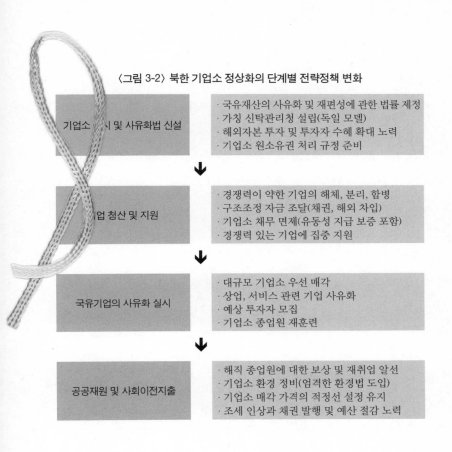

〈그림 3-2〉 북한 기업소 정상화의 단계별 전략정책 변화

기업소 ☐☐ 및 사유화법 신설	· 국유재산의 사유화 및 재편성에 관한 법률 제정 · 가칭 신탁관리청 설립(독일 모델) · 해외자본 투자 및 투자자 수혜 확대 노력 · 기업소 원소유권 처리 규정 준비
☐업 청산 및 지원	· 경쟁력이 약한 기업의 해체, 분리, 합병 · 구조조정 자금 조달(채권, 해외 차입) · 기업소 채무 면제(유동성 지급 보증 포함) · 경쟁력 있는 기업에 집중 지원
국유기업의 사유화 실시	· 대규모 기업소 우선 매각 · 상업, 서비스 관련 기업 사유화 · 예상 투자자 모집 · 기업소 종업원 재훈련
공공재원 및 사회이전지출	· 해직 종업원에 대한 보상 및 재취업 알선 · 기업소 환경 정비(엄격한 환경법 도입) · 기업소 매각 가격의 적정선 설정 유지 · 조세 인상과 채권 발행 및 예산 절감 노력

분을 점차 투자자들에게 늘려주었다(Sinn and Sinn, 1992: 205~207).

한국의 경우 통일이 되면 정부의 재정지출과 자본수요의 증가에 따라 이자율이 상승할 것이다. 이자율이 상승하면 투자가 위축되므로 북한 지역의 사유화는 어려움에 직면할 것이다. 그렇게 되면 정부의 사유화 예산은 감소하는 반면, 북한 지역의 빠른 사유화에 대한 정치적 압력이 상승해 북한 기업소들의 판매가격은 하락할 것이다. 이 경우 경매를 통한 사유화가 여러 가지 면에서 유리하다. 정부 입장에서도 투자자들이 기업 투자와 경영개혁을 실행하기 때문에 재정 부담이 줄어든다. 투자자들 입장에서도 기업을 획득하는 데 써야 할 자본을 경영개혁에 쓰는 것이기 때문에 상대적으로 재정 부담이 감소한다. 통일한국의 경우 정부는 의사결정권에 영향을 미치지 않을 정도의 주식만 소유하는 것이 바람직하다. 이때 외부 경영인들은 정부의 간섭 없이 경영에 전념할 수 있는 반면 그 책임도 지게 될 것이다.

이처럼 사유화가 진행되면 정부의 사유화 예산도 상대적으로 감소할 수 있다. 사유화 초기 단계에는 세금이 기업 경영을 위축시킬 염려가 있으므로 기업이 정상 궤도에 오를 때까지 징수를 보류하는 게 바람직하다. 만약 사유화한 기업이 정상화를 이루고 수익을 창출해 주식가치가 높아진다면, 정부는 보유하고 있는 사유화 기업의 지분을 주식시장에서 팔거나, 원래 기업소의 종업원들에게 보상할 수 있고, 사유화 과정에서 누적된 재정적자를 보존하는 데 쓸 수도 있다. 북한 기업소의 정상화와 관련된 정책은 〈그림 3-2〉가 예시하고 있다.

(3) 사유화를 통한 기대효과와 주의점

사유화는 기업들의 경쟁력을 제고한다. 독일 정부는 기업경쟁력 강화를 위해 사유화 과정에서 막대한 보조금을 지급했다. 문제는 보조금 지급을 중단하면 많은 사유화 대상 기업이 어려움을 겪고 사유화에 상당한 시간이 걸린다는 점이다. 그렇다고 정부의 지원이 지속되면 기업들의 경쟁력은 약화되고 사회주의 경제체제의 특징인 비효율도 줄어들지 않는다. 정부의 보조금은 당연히 줄어야 하며, 사유화한 국영기업은 생존을 위해 비용을 더욱 감소시키는 노력을 해야 한다. 사유화한 기업이 대외경쟁력을 갖출 때까지는 실업이 증가해 상당한 정치적·사회적 갈등이 나타날 것이다. 정부는 노동자들을 설득해 이를 극복해야 한다. 경쟁력이 없는 기업들이 도산하면 상당한 노동력이 북한에서 남한으로 이동할 것이다. 남북한의 정책 목표는 단기적으로 보았을 때 실업의 최소화이고, 장기적으로는 기업의 대외경쟁력을 강화하는 것이다. 그러나 이러한 정책 목표에는 상충되는 면이 있다. 실업을 감

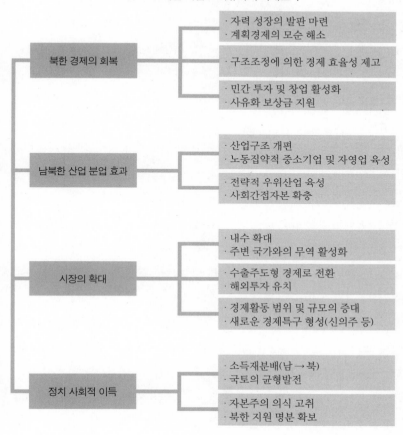

〈그림 3-3〉 북한 기업소 사유화의 기대효과

북한 경제의 회복
- · 자력 성장의 발판 마련
- · 계획경제의 모순 해소
- · 구조조정에 의한 경제 효율성 제고
- · 민간 투자 및 창업 활성화
- · 사유화 보상금 지원

남북한 산업 분업 효과
- · 산업구조 개편
- · 노동집약적 중소기업 및 자영업 육성
- · 전략적 우위산업 육성
- · 사회간접자본 확충

시장의 확대
- · 내수 확대
- · 주변 국가와의 무역 활성화
- · 수출주도형 경제로 전환
- · 해외투자 유치
- · 경제활동 범위 및 규모의 증대
- · 새로운 경제특구 형성(신의주 등)

정치 사회적 이득
- · 소득재분배(남 → 북)
- · 국토의 균형발전
- · 자본주의 의식 고취
- · 북한 지원 명분 확보

수하는 대신 실업보험을 늘리고, 노동의 질을 높이기 위한 재교육 프로그램을 강화시켜야 할 것이다. 이러한 보완장치를 통해서 국영기업의 사유화는 더욱 효력을 발휘할 수 있고 산업 전체의 구조조정도 달성할 수 있다.

사유화는 남북한의 산업구조를 개편한다(〈그림 3-3〉 참조). 한국에 자리 잡은 경쟁력이 약한 노동집약적 산업은 북한으로 이전되어 상당 부분 회생할 가능성도 높다. 북한의 경쟁력 없는 기업소 폐쇄와 한국 기업 이전으로 규모의 경제를 통한 고용창출 효과를 기대해볼 수 있다. 만약 북한 기업소의 구조조정이 이루어지지 않으면 남북 간 큰 임금격차 때문에 북한 노동자가 대량 남하할 것이다. 그러나 북한의 기업소가 탈바꿈해 경쟁력 있는 상품을 생산하고 급여를 지급한다면 북한의 노동자들을 잡아둘 수 있다. 이 과정에서 유의할 점은 임금이 노동생산성보다 지나치게 높아지면 많은 북한 기업소가 파산한다는 사실이다. 이는 구동독 지역에서 나타났던 현상에 비추어 알 수 있다. 여러 전문가들이 지적한 바와 같이 구동독 지역에서 실시한 지나치게 높은 임금정책은 정책상 명확한 실패였다. 실제로 구동독의 임금은 노동생산성을 훨씬 상회했고, 동독의 화폐가치는 화폐의 1 : 1 교환을 통해 크게 절상되어 구동독 기업의 상품은 가격이나 질에서 대외경쟁력을 갖출 수 없었다. 동독의 사유화 기업들이 국제경쟁력을 갖추기 위해서는 인상된 임금만큼 노동생산성을 증대시켜야 했지만, 실패하고 말았다. 실제 동독 근로자의 평균 임금은 서독 근로자의 70~80%에 육박했고, 많은 동독 기업이 파산했다.

독일의 1 : 1 화폐교환에 의한 임금 상승은 한국에도 중요한 점을 시사한다. 첫째, 노동조합은 노동생산성을 상회하는 임금을 요구해서는 안 된다는 점이다. 둘째, 실업 감소를 위한 정부의 임금 보조는 실업자를 위한 지출보다 적어야 한다. 이를 위해서는 고용자에게 높은 세금을 부과해야 한다. 왜냐하면 임금 보조의 효과는 장기적으로 나타날 가능성이 높기 때문이다. 근로자에 대한 교육효과나 학습효과(learning by doing)가 나타나는 데는 상당한 시간이 걸린다. 셋째, 임금에 대한 정부의 보조금은 북한 근로자의 남쪽 이동을 상당히 억제할 것이다. 넷째, 국제적인 경쟁력과 관계없는 산업 분야에까지 보조한다면 오히려 경제 비효율성이 증가할 것이다. 부실한 기업들은 차라리 파산하는 것이 사회적 후생에 도움이 된다. 다섯째, 한국의 좁은 국토와 많은 인구를 고려할 때 토지는 매우 중요한 경제적 자원이다. 비효율적인 기업이 많은 토지를 점유하고 있는 것은 사회적 후생을 감소시키는 것뿐만 아니라 새로운 기업의 진출을 제약하는 것이다. 이러한 기업에 정부가 임금 보조를 한다면, 비효율적인 기업을 보호하고 노동자들로 하여금 자기개발을 등한시하게 만들어, 결과적으로 경제통합을 늦추고 실업을 증가시킬 것이다.

정부 지출 면에서 볼 때 임금에 대한 보조금 지급에는 몇 가지 문제점이 있다. 만약 임금에 대한 보조가 정치적 이유로 오랫동안 지속된다면 정부 재정은 악화될 것이다. 또한 이를 메우기 위해 추가 세금을 징수하게 되므로 거시경제의 안정을 해친다. 오히려 임금에 대한 보조금을 빨리 줄인다면 초기 사회보장지출은 증가하겠지만 장기적으로는 재정 부담을 줄이고 체제전환을 가속화해 경제의 효율성을 증대시킬 것이다. 이 과정에서 세금 감면 같은 보조는 앞서 언급한 논리로 실행되지 말아야 한다. 특정 기업에 대한 세금 감면보다는 적은 액수의 세금을 모든 경제활동자에게 징수하는 것이 경제에 대한 참여의식도 높이고 효율성을 키우는 길이다. 또한 통일한국의 경우 북한 주민들은 통신, 도로 등과 같은 사회간접자본의 확충에 기대가 클 것이다. 지나치게 비효율적인 특정 국영기업에 무리한 사유화를 추진하기보다는 오히려 재원을 사회간접자본에 투자하는 것이 북한 주민의 경제적 후생을 더 증대시키는 길이다. 세밀한 계획 아래 사유화 수위를 신중히 결정해야 한다.

마지막으로 간과해서 안 될 것은 유능한 전문 경영인을 많이 확보하는 일이다. 북한의 사유화 기업에 한국의 유능한 전문경영인이 임명된다면 기업의 효율성을 높일 수 있다. 경영능력은 경제를 재건하는 데 필수 조건이다. 사유화하는 기업 경영자 능력에 관한 정보가 불완전하다면 외부 투자자들은 기업 소유에 많은 부담을 안게 되고 그 비용도 증가한다. 만약 수많은 기업이 재건된다면 사유화를 통해 얻는 이익도 훨씬 커질 것이다. 한국에서 가장 능력이 있는 경영인은 북한에서도 최고의 능력을 발휘할 수 있다. 능력이 낮은 국영기업의 경영인이 임명될 경우 손실은 증가한다. 그러나 비효율적인 북한 국영기업의 경영인이 한국의 유능한 대기업 경영인으로 대체되는 경우에는 높은 급료와 조정비용 때문에 추가적으로 사회비용이 증가한다. 이것은 전형적인 역선택의 문제이기도 하다. 이것이 아마 북한이 겪을 가장 큰 어려움 가운데 하나일 것이다.

5. 결론

사회주의 계획경제를 오랫동안 견지해온 북한이 갑자기 자본주의 경제체제로 편입되기란 쉽지 않다. 북한 경제가 순조롭게 체제전환하려면 한국 정부의 사려 깊은 경제정책이 필요하며 합당한 정치력도 요구된다. 한국 정부의 역할 가운데 북한의 국영기업소를 사유화하는 것은 경제통합과 체제전환의 핵심 사항이다. 한국 정부는 정확한 판단 아래 사유화 대상 기업과 매각·파산시킬 기업을 선별해야 한다. 국민의 강력한 지지를 받는 정부만이 이러한 정책을 실시할 수 있기 때문에 사유화와 관련된 정책들에 대해서는 남북한 국민의 높은 지지가 필요하다. 외국의 사례를 집중적으로 분석해 한국에 적합한 사유화를 정해야 한다. 사유화 초기의 혼란과 재정지출을 극복한다면 통합경제는 순조롭게 진행될 것이다. 이 과정에서 한국 정부는 시장경제가 자유롭게 기능하기 위한 법·제도를 먼저 완비해야 한다. 예를 들어 재산권의 명시와 보호 등이 선행되어야 한다. 또한 북한이라는 이질적인 경제체제에서 시행되는 새로운 자본주의 시장제도의 틀 안에서 가격기구를 올바르게 작동시키기 위한 비전이 있어야 하며 경제적 효율과 사회적 공평에 대한 균형 있는 시각도 갖추어야 한다.

반면 사회주의 경제체제가 실패한 가장 큰 이유가 지나치게 비대한 국가의 기능 때문이라는 점을 감안해 정부의 역할과 간섭은 최소한으로 줄여야 한다. 하지만 공공재 확충, 사회보장제도 실시, 최소한의 생존권 보장, 경제

질서의 조속한 확립, 낮은 실업률 유지 등은 정부의 강력한 개입을 필요로 하는 사안들이다. 이뿐만 아니라 노동 문제의 안정, 남북한 주민 간 사회적 갈등, 북한 지역에서의 정당 확립 등은 경제 외적인 정부의 역할이다. 그러나 너무 강력한 정부는 경제적 자유와 개인의 자유를 침해할 가능성이 높다. 따라서 경제통합 과정을 최대한 단축해 시장경제 원칙에 충실한 작은 정부로 회귀해야 한다. 시장경제는 개인의 효용과 생산, 교환, 분배의 효율을 극대화한다. 사회적 공평이라는 문제도 가능한 한 시장제도의 틀 속에서 국민적 합의를 통해 해결해야 한다. 따라서 시장의 실패 영역에서 발생하는 여러 경제적 문제를 최소 비용으로 해결하기 위해서 빠른 체제전환이 절대적으로 필요하다. 이러한 조건이 갖추어진다면 북한의 비효율적인 기업소 사유화는 그렇게 어려운 작업이 아닐 것이다. 체제전환 국가 대부분에서 발전과 이행은 상충되는 개념이었고 현실이었다. 통일한국에서 순조로운 경제통합이 이루어진다 하더라도 모든 사람을 만족시키는 경제정책은 있을 수 없다. 통일에 따라 승자와 패자가 나뉘게 된다. 패자의 경제적 상처를 최소화하는 정책개발도 필요하다.

참고문헌

국가안전기획부. 1997.『독일 통일모델과 통독후유증』.

국가정보원. 2008.『동유럽 제국의 체제전환 유형과 특성』.

국제민간경제협의회. 1991.『폴란드, 헝가리, 체코의 경제개혁과 사유화 추진현황』. 서울: 국제민간경제협의회.

김규판. 1994.『동구 주요국의 국유기업 사유화 정책 및 제도』. 서울: 대외경제정책연구원.

김기수·양운철. 1993.「러시아의 경제현황과 개혁전망」. ≪정세분석≫, 93-01. 세종연구소.

김병연. 2009.「북한의 체제이행과 남북경제통합·통일 유형」. ≪경제논집≫, 제48권 제1호.

김병호. 2013.『올리가르히: 러시아의 부를 움직이는 이너서클』. 고양: 북퀘스트.

김태일. 1993.『북한 국영기업소의 관리운영체계』. 서울: 민족통일연구원.

문성민·양석준. 2013.「동구 체제전환국의 경제성과에 대한 문헌 연구 및 북한 관련 정책적 시사점」. ≪통일연구논총≫, 제22권 제1호.

뮐러, 우베(Uwe Müller). 2006.『대재앙, 통일: 독일 통일로부터의 교훈』. 이봉기 옮김. 서울: 문학세계사.

세종연구소·코리아정책연구원. 2012.「통일한국 대전략연구: 동유럽 체제전환과 국가통합 경험을 바탕으로」. 남북공동체 기반조성 2차년 사업 결과보고서. 통일부.

양문수. 2010.『북한경제의 시장화: 양태·성격·메커니즘·함의』. 도서출판 한울.

양운철. 2005.「남북한 경제공동체 형성 전략」. 정성장.『한국의 국가전략 2020: 대북·통일』. 성남: 세종연구소.

_____. 2006.『북한경제체제 이행의 비교연구: 계획에서 시장으로』. 도서출판 한울.

_____. 2007.「북한에서의 연성예산제약 분석: 기업소 사례를 중심으로」. ≪세종정책연구≫, 제3권 제1호.

_____. 2009.「북한경제 몰락의 정치경제적 함의」. 윤영관·양운철.『7·1 경제관리개선조치 이후 북한경제와 사회: 계획에서 시장으로』. 도서출판 한울.

_____. 2011.「베트남 도이머이 정책의 북한적용 가능성: 체제전환의 관점에서」. ≪국제통상연구≫, 제16권 4호.

_____. 2012.「탈북자 인터뷰를 통해 살펴 본 북한경제 현황」. ≪북한학보≫, 제37집

제1호.

_____. 2013a. 「6·28조치 시행 1년, 북한의 경제개혁 현황」. ≪정세와 정책≫, 통권 209호. 세종연구소.

_____. 2013b. 『북한 군수산업의 민수전환 방안 연구: 체제전환국의 경험을 중심으로』. 성남: 세종연구소.

_____. 2013c. 「최근 북한의 해외투자 유치 전략에 대한 평가」. ≪세종논평≫, 제275호.

연합뉴스. 2003. 『2004 북한연감』.

이석기. 2003. 『북한의 기업관리체계 및 기업행동양식 변화 연구』. 서울: 산업연구원.

_____. 2009. 「북한 기업관리체계의 변화」. 윤영관·양운철. 『7·1 경제관리개선조치 이후 북한경제와 사회』. 도서출판 한울.

이종철. 2010. 「소련 및 동구 사회주의 체제전환과 북한 급변사태의 비교 교찰: 정권 붕괴 유형 및 시나리오를 중심으로」. ≪신아세아≫, 제17권 제3호.

장덕성. 2007. 「국방공업을 우선적으로 발전시키는 것은 전반적 경제발전을 위한 담보」. ≪경제연구≫, 제4호.

정명기. 2004. 「중국 국유기업의 개혁에 관한 연구: 공공재, 외부효과 그리고 코즈의 정리를 중심으로」. ≪한국정책과학학회보≫, 제8권 제1호.

정한구. 2009. 「북한은 붕괴될 것인가? : 사회주의 국가들의 경험과 북한의 장래」. ≪세종정책연구≫, 제5권 제2호.

정형곤. 1996. 「통일한국에 있어서의 사유화 방안의 모색」. ≪통일경제≫, 22권. 현대 경제연구원.

주 OECD 대표부. 2006. 「체코의 경제체제전환과 시사점」.

퍼거슨, 니얼(Niall Ferguson). 2013. 『(니얼 퍼거슨)위대한 퇴보: 변혁의 시대에 읽는 서양 문명의 화두』. 구세희 옮김. 파주: 북이십일 21세기북스.

한국경제신문·현대경제연구원. 2012. 『북한경제 글로벌포럼 2012』. 발표 자료집(2012. 3.21).

한국은행. 2014. 「남북한의 주요 경제 지표 비교」.

한병진. 2012. 「독재정권 몰락의 급작성과 북한 급변사태에 대한 이론적 검토」. ≪국가전략≫, 제18권 제1호.

홍익표·이종윤·김지연·양문수·이찬우·임수호. 2011. 『북한의 대외경제 10년 평가: 2001~10년』. 서울: 대외경제정책연구원.

Bennet, John, Saul Estrin and Giovanni Urga. 2007. "Methods of Privatization and Economic Growth in Transition Economies." *Economics of Transition*, Vol.15.

EBRD. various years. *Transition Report*.

Estrin, Saul, Jan Hanousek, Evžen Kočenda and Jan Švejnar. 2009. "The Effects of Privatization and Ownership in Transition Economies." *Journal of Economic Literature*, Vol.47, No.3, September 2009.

Gaidar, Egor. 1996. "How the Nomenclatura 'Privatized' Its Own Power." *Russian Politics and Law*, vol.34, no.1(January-February).

Havrylyshyn, Oleh. 2007. "Fifteen Years of Transformation in the Post-Communist World." *Development Policy Analysis*, No.4, November 9. The Cato Institute.

Hunya, Gábor. 1997. "Large Privatization, Restructuring and Foreign Direct Investment." in Salvatore Zecchini(ed.). *Lessons from the Economic Transition: Central and Eastern Europe in the 1990s*. Dordrecht: Kluwer Academic Publishers.

Mitrovič Dragutinovič, Radmila and Olgica Ivančev. 2010. "Driving Forces of Economic growth in the Second Decade of Transition." *Economic Annals*, Vol.55, No.185, April-June 2010.

Moore, Thomas G. 1995. "Privatization in the Former Soviet Empire." in Edward P. Lazear(ed.). *Economic Transition in Eastern Europe and Russia: Realities of Reform*. Stanford, CA: Hoover Institution Press.

Kornai, János. 1992. *The Socialist System: The Political Economy of Communism*. Princeton University Press.

_____. 2010. "Liberté, Égalité, Fraternité: Reflections on the Changes following the Collapse of Communism." *European Review*, Vol.18, No.3.

Lau, Lawrence, Yingyi Qian and Gérard Roland. 2000. "Reform Without Losers: An Interpretation of China's Dual-Track Approach to Transition." *Journal of Political Economy*, Vol.108, No.1.

Merich, Jiri S. 2000. "The Relationship between the Political and the Economic in the Transformations in Eastern Europe: Continuity and Discontinuity and the Problem of Models." *East European Quarterly*, 34, No.2, June 2000.

Naughton, Barry. 2007. *The Chinese Economy: Transitions and Growth*. The MIT Press.

Noland, Marcus. 1997. "German Lessons for Korea: The Economics of Korean Unification." in Fred C. Bergsten and Il Sakong(eds.). *The Korea-United States Economic Relationship*. Washington DC: Institute for International Economics, Seoul: Institute for Global Economics.

_____. 2000. *Avoiding the Apocalypse: The Future of the Two Koreas*. Institute for International Economies.

Pejovich, Svetozar. 1990. *The Economics of Property Rights: Toward a Theory of Comparative Systems*. Dordrecht: Kluwer Academic Publishers.

Przeworski, Adam, Michael Alvarez, Jose Antonio Cheibub and Fernando Limongi. 1996. "What Makes Democracies Endure?" *Journal of Democracy*, Vol.7(January).

Sinn, Gerlinde and Hans-Werner Sinn. 1992. *Jumpstart: The Economic Unification of Germany*. Cambridge, MA: The MIT Press.

Todo, Yasuyuki, Tomohiko Inui and Yuan Yuan. 2012. "Effects of Privatization on Exporting Decisions: Firm Level Evidence from Chinese State-Owned Enterprises." *REITI Discussion Paper*, 12-E-015.

Uvalic, Milica and Daniel Vaughan-Whitehead. 1997. *Privatization Surprises in Transition Economies: Employee-Ownership in Central and Eastern Europe*. Edward Elgar.

Yang, Un-Chul. 2012 "Downfall of the North Korean State Economy: Losing Political Authority and Gaining Military Frailty." *International Journal of Korean Studies*, Vol.16, No.1.

제4장

토지 부문의 통합정책과 과제

박영철 | 성결대학교 도시계획·부동산학부 교수

1. 서론

1) 연구의 배경

북한 지역의 토지 처리방안은 통일 과정 및 통일 후의 주요 과제이다. 북한 지역의 토지 부문은 토지뿐만 아니라 주택, 산업시설 등의 소유권 처리와 크게 연계되어 있다. 토지 부문은 재산과 관련된 민감한 주제이다. 이전부터 관련된 소송이 제기되기도 했다.[1]

---

[1] 토지 문제는 현실적인 과제이다. 북한과 관련해서 다음과 같은 소송이 제기되기도 했다. 즉, 민통선 북방 지역 내 수복토지의 소유에 관한 분쟁(대법원 판례 등을 보면 원소유자에게 반환), 월북자의 남한 내 토지 반환소송(인천지방법원 부천지원 2006.8.9 선고: 2005가단15248 판결, 대법원 2007.10.25 선고: 2007다58230 판결: 납북자가 남한 내 토지를 소유한 경우 인정되지 않음) 등 기본적인 주제에 관한 소송 등이다(박영철·김영봉, 2009: 1~42). 심지어 제6공화국 시절(1990년 전후) 북방정책의 일환으로 남북 교류가 활발해질 가능성이 대두되자 '북한 토지의 구(舊) 소유권' 관련 서류 매매에 관한 사례가

토지 부문은 경제적 측면뿐만 아니라 사회적 통합에도 영향을 미친다. 즉, 토지 부문은 첫째, 토지라는 가용 생산요소로서 북한 지역의 경제 활성화의 주요 요인이라는 측면, 둘째, 한편으로는 통합에서 장애 요인으로 작용한다는 양면성이 있다.

따라서 한반도의 실질적인 통합을 위해서는 북한 지역의 토지 부문에 관한 합리적 처리방안 마련과 체계적 사유화의 추진이 필요하다. 이는 경제적 프로그램의 일부로 추진될 수도 있으며 종합적 사회통합 프로젝트의 일환으로 추진될 수도 있을 것이다(양운철, 2009: 2). 이를 통해 통합의 과도기에 나타날 수 있는 혼란과 고통의 최소화와 아울러 경제 활성화의 주요 수단이 마련되는 의미도 있을 것이다.

2) 연구의 목적, 범위 및 방법

(1) 연구의 목적

이 연구의 목적은 첫째, 현재 북한 지역의 토지 실태를 파악하고 통일의 과정 또는 통일 후에 제기될 것으로 예상되는 정책 과제를 도출하고, 유형화한다. 둘째, 북한 지역 토지 부문 과제에 대한 정책 대안을 제시한다. 이에는 북한 토지 처리방안이 포함된다.

(2) 연구의 범위

이 연구의 범위는 첫째, 급진적인 통일, 즉 '갑작스럽게 통일이 된 경우'를 가정한다.[2] 통일의 유형은 크게 점진적과 급진적으로도 나눌 수 있는데 이

있었던 것으로 전언되고 있다.

[2] 점진적인 경우, 첫째, 남북통일이 3단계(정부의 기본 입장)를 거칠 경우 남북 간의 토지 문제, 소유권의 처리 방식은 합의를 거쳐 해결될 가능성이 커 남한의 일방적 조치는 별

중 급진적인 통일을 중심으로 다루도록 한다. 둘째, 공간적 범위는 북한 지역으로 한정한다. 월남자의 북한 내 토지는 고려하되 월북자(납북자 포함)의 남한 내 토지는 배제한다. 단, 북한 지역 토지 등을 설명하기 위해 필요한 경우 비교의 측면에서 남한의 토지정책 현황 등을 부분적으로 거론하도록 한다. 셋째, 연구의 대상은 토지 중심이다. 아울러 토지와 연계되어 있는 주택의 경우 일부 또는 상징적으로만 언급한다. 한편, 토지가 공간계획의 핵심 대상임을 감안해 대안 마련에 있어 공간계획 요인을 감안하도록 한다.

(3) 연구의 방법

이 연구의 방법은 첫째, 문헌 연구이다. 현재 북한 지역에 대한 직접적인 조사는 불가능하다. 따라서 지금까지 조사 연구된 기초 자료를 중심으로 한다. 둘째, 독일 사례 등을 참고로 한다. 특히, 독일의 경우 통일 후 구동독 지역에 대한 원토지 소유자의 소유권 인정 조치 등으로 인해 동독 지역의 회생 전략이 크게 차질을 빚은 경험이 있어 상기 사례는 북한 지역의 토지 처리에 좋은 시사점이 될 수 있기 때문이다. 셋째, 해방 후 북한 지역에 공산주의 정권 설립에 따라 월남한 주민의 경우를 고려한다.

(4) 연구 결과의 차별성

통일 후 북한 지역의 부문별 연구가 다양하지는 않다. 특히, 토지 부문을 중심으로 한 연구는 한정적이다. 선행연구 특성과 유형을 보면 첫째, 제한된 자료를 바탕으로 한 현행 실태분석(김상욱, 2007), 둘째, 제도에 중점을 둔 연구(허문영 외, 2009; 최철호, 2009), 셋째, 토지 부문 가운데 하나의 주제3)를 중

로 없을 것이며, 둘째, 북한이 중국 또는 베트남식 개혁·개방 후 통일된다면 토지에 대한 소유권, 사유화에 대한 변화를 거친 이후로써 취할 조치는 크지 않을 것이다.
3)   예를 들면 몰수토지의 처리방안(김성욱, 2008 등).

심으로 한 분석 및 대안 제시(김성욱, 2008) 등이다.

선행연구에 비교한 차별성은 대안 제시의 차별성에 있다. 첫째, 대안을 유형화해 정치적 과제, 입법적 과제, 행정적 과제로 구분해 제시했으며, 둘째, 몰수토지의 처리에 대안을 제시하되 보상할 경우 지가(地價), GDP 등을 활용해 소요 재원 규모를 추정해 제시했으며, 셋째, 북한 지역에서 도시개발 가운데 주택 부문에 소요되는 토지, 즉 소요 택지 규모를 인구, 주택 등과 연계해 추정한 결과를 인용했으며, 넷째, 토지정책의 대안에 공간이란 개념의 추가를 도모했다.

2. 남북한 지역의 토지 실태와 의미

1) 북한의 토지 실태

(1) 토지의 기본 개념

북한에서 토지는 "인민의 귀중한 생활 밑천이며, 후손 만대의 번영을 위한 나라의 재부(財富)", 즉 인민의 중요한 자원으로 인식한다. "국가는 전체 인민들과 농업근로자들, 국가기관 일꾼들 속에서 사회주의 애국주의 교양을 강화하여 그들이 토지를 잘 보호 관리하고 알뜰히 다루도록 한다"고 '토지법'[4]에서 토지의 기본 이념을 선언하고 있다.

토지가 생산과 생활의 장으로 귀중한 자원임은 어느 나라를 막론하고 다를 바가 없다. 따라서 토지 자체가 국가적으로는 중요한 자원이며, 개인적으

---

4) 공식 명칭은 '조선민주주의 인민공화국 토지법'이다. 이 글에서는 약칭 '토지법'으로도 사용하고, 이 내용은 상기 제1장 제8조의 내용이다.

로는 삶의 원천이 되는 재산이라고 할 수 있다.

(2) 토지 용도의 유형과 특성

① 토지 용도의 유형

북한의 '토지법' 제7조에는 토지를 용도에 따라 농업토지, 주민지구토지, 산업토지, 산림토지, 수역토지, 특수토지 등 여섯 가지로 분류하고 있다. 북한의 토지이용은 단순한 행정적 분류이다. 전 국토를 용도에 따라 구분해 관리하는 남한의 국토이용계획과 유사한 형태를 취하고 있으나, 용도 지역에 따라 개별 토지소유자에 대한 행위 규제의 내용이 달라지는 남한 형태의 토지이용 구분과는 다른 단순한 행정적 분류이다.

〈표 4-1〉 북한의 토지 용도 구분과 관리기관

토지이용 구분	용도	관리기관
농업토지	경작 가능한 토지	농업지도기관, 협동농장 및 기관, 기업소
주민지구토지	시·읍, 노동지구의 건축용지와 부속지, 공공이용지 등	중앙의 도시경영기관, 지방행정위원회
산림토지	산야, 산야 안의 이용지	국토관리기관, 이용하려는 기관, 기업소
산업토지	공장, 광산, 탄광, 산업시설물 등 산업시설물의 부지와 부속지	이용하려는 기관, 기업소
수역토지	연안, 영해, 강하천, 호소, 저수지, 관개용수로의 토지	국토관리기관, 농업지도기관
특수토지	혁명전적지, 혁명사적지, 문화유적지, 보호구역, 군사용 토지	해당 중앙기관, 지방행정위원회, 이용하려는 기관, 기업소, 군부대

자료: 한국토지공사(1997, 2000); 법원행정처 사법정책연구실(1997); 한국감정원(1996); 엄수원(2002) 등.

② 토지이용의 특성

북한이 표방하고 있는 토지이용의 기본 방향은 토지보호, 토지개발 등을 통한 국토의 개조 및 자연조건의 극복, 토지개량을 통한 이용률의 제고, 국가가 수립한 계획에 부합하는 이용체계의 확립이다.

- 산림토지(임야)와 농업토지(농지)가 절대 다수: 일반적으로 북한의 토지이용 현황을 보면 북한 전체 면적인 1214만ha 중 산림토지(임야)가 9만 427km²(74.4%)로서 가장 넓은 면적을 차지하고 있으며, 이어 농업토지(논과 밭을 포함한 농경지)가 1만 9868km²(16.4%)이다. 도시용지(주민주거토지)는 1239km²[5](1.0%), 산업용지(산업토지)는 1689km²(1.4%)이다. 특수토지(군사용 토지, 혁명전적지 등)는 1273km²(1.1%) 등으로 구성되어 있다. 즉, 산지와 농지가 대부분(90.8%)을 차지하고 있다. 이를 남한의 토지이용과 비교하면 산지(북한 74.4%, 남한 65.2%)는 북한이 상대적으로 많으며, 농지는 상대적으로 적다.
- 주거용 토지의 과소와 산업용지의 상대적 과다: 주거용지(주민주거토지) 및 산업용지(산업토지)는 남한 5.9%, 북한 2.4%로서 북한이 남한에 비해 매우 작은 비중이다. 이 가운데 주민주거용지(주거용지)는 1.0%에 불과해 상대적으로 매우 적다. 이는 북한 지역의 도시화가 상대적으로 미미한 상태라는 것을 뜻한다. 특히 주택[6] 등의 경우 질적인 차원을 떠나 양적으로도 부족한 것과 통일 후 새로운 도시개발[7]이 필요함을 시사하고 있다.

---

5) 주거용 토지, 즉, 택지와 상업용지를 합한 규모를 139km²로 추정하기도 한다(박형서, 2011).
6) 북한 지역의 주택 특성은 기존 주택 재고의 절대적 부족, 저급한 주택 관리로 인한 주거환경 열악, 철저한 계급 중심의 분배, 주택 계획 및 생산의 중앙집중형 등으로 정리된다. 즉, 양적 부족과 질적 열악함과 불공정 배분이다(안정근, 2009).

<그림 4-1> 남한과 북한의 토지이용 비교

(단위: %)

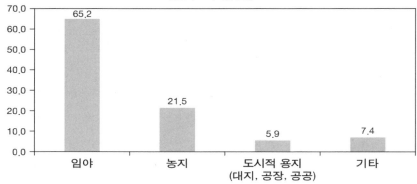

남한의 토지이용 현황

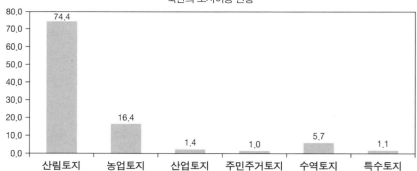

북한의 토지이용 현황

<표 4-2> 북한의 토지이용 현황

(단위: km², %)

구분	농업토지	주민주거토지	산림토지	산업토지	수역토지	특수토지	합계
면적	19,868.1	1,239.8	90,427.2	1,689.0	6,936.8	1,273.3	121,434.1
비율	16.4	1.0	74.4	1.4	5.7	1.1	100.0

자료: 한국토지공사(1997, 2000); 한국감정원(1996); 엄수원(2002) 등.

---

7) 북한 지역에서 주택, 상업, 공공용지를 합한 도시용지 수요를 통일 후 10년 동안 약 416km²로 추정하기도 한다(박형서, 2011).

산업단지 등 산업용지에 해당하는 산업토지만을 별도로 살펴보면 북한의 경우 총면적이 1689.0km²이다. 이는 한국 산업단지의 지정면적(1315.7km², 관리면적 1062.3km²)(2010)[8]을 감안하면 산업용지의 경우 북한이 남한보다 절대면적이 매우 큼을 알 수 있다. 더욱이 북한의 제조업 생산액이 남한의 약 1/20임을 감안하면 북한의 산업입지는 상대적으로 매우 넓은 규모이며 토지생산성은 매우 낮음을 보여주고 있다. 따라서 북한의 산업용지[9]는 토지생산성이 낮거나 조방적으로 활용되어 통일 후 새로운 산업용지의 공급과 개발도 필요하지만 기존 용지의 활용도 중요한 주제가 될 것임을 시사하고 있다.

③ 지역별 용도별 특성

북한 지역의 지역별 용도별 토지이용 실태는 〈표 4-3〉과 같다.

첫째, 대도시인 평양, 남포, 개성 등의 경우에도 상당량의 농업토지가 있다. 즉, 전체 토지에서 농업토지의 구성비가 평양 34.3%, 남포 42.2%, 개성 26.9%를 차지하고 있다. 아울러 도시용 토지를 뜻하는 토지 가운데 주거 지역을 뜻하는 주민지구토지의 경우 평양 5.7%, 남포 5.1%, 개성 2.0%에 불과하다. 이는 북한의 경우에는 대도시라고 해도 도시화가 상대적으로 덜 된 형태이며, 한편으로는 도시의 행정 구역이 상대적으로 크다는 것을 뜻한다.

둘째, 지역별로 해당 지역 내에서 산업용지의 규모와 산업용지가 차지하는 구성비를 보면 평양 86.1km²(4.1%), 남포 50.1km²(6.2%), 개성 23.2km² (1.8%)에 해당된다. 이는 산업용지의 절대량은 평양(86.1km²)이 남포(50.1km²)

---

8) 남한의 경우 산업단지 외에 개별입지가 있으며, 그 규모는 산업단지 가동면적과 유사하다. 이를 감안하면 대한민국 전체의 공업용지 면적은 약 2100km²에 해당되며, 이는 북한의 공업용지 면적이 남한의 약 80%에 해당됨을 뜻한다(한국산업단지공단, 2011 참고).

9) 북한에서 실제 운용되는 산업용지는 약 100km²로 추정되고 있으며 통일 후 10년 동안 북한 지역에서 소요될 산업용지 규모는 약 97km²로 추정된다(박영철, 2011).

〈표 4-3〉 북한 지역의 지역별 토지이용 실태

(단위: ha, %)

도별	농업토지	주민지구토지	산림토지	산업토지	수역토지	특수토지	합계
평양특별시	71,705 (34.3)	11,749 (5.7)	89,558 (42.8)	8.613 (4.1)	16,369 (7.8)	11,059 (5.3)	209,053 (100.0)
남포직할시	34,607 (42.2)	4,181 (5.1)	23.374 (28.5)	5,050 (6.2)	13,380 (16.3)	1,394 (1.7)	81,987 (100.0)
개성직할시	34,783 (26.9)	2,576 (2.0)	69,837 (53.9)	2,317 (1.8)	6,084 (4.7)	13.851 (10.7)	129,448 (100.0)
황해남도	340,156 (41.5)	16,409 (1.9)	346.063 (42.2)	20,429 (2.5)	90,823 (11.1)	6,564 (0.8)	820,444 (100.0)
황해북도	216,639 (26.8)	10,324 (1.3)	506,754 (62.8)	13.550 (1.7)	51,780 (6.4)	7,501 (0.9)	806,548 (100.0)
평안남도	260,787 (21.3)	17,026 (1.4)	818,006 (66.7)	33,196 (2.7)	78,273 (6.4)	17,639 (1.4)	1,224,927 (100.0)
평안북도	282,608 (22.7)	13.558 (1.1)	779,162 (62.6)	19.529 (1.6)	142,548 (11.4)	6,468 (0.5)	1,243,873 (100.0)
자강도	105,139 (6.3)	6,965 (0.4)	1,452,371 (87.6)	9,121 (0.6)	65.173 (3.9)	19,568 (1.2)	1,658,336 (100.0)
양강도	84,764 (6.2)	3,847 (0.3)	1,239,592 (90.2)	6,045 (0.4)	39,291 (2.8)	275 (0.1)	1,373,814 (100.0)
함경남도	211,949 (11.5)	15,100 (0.8)	1,506,294 (81.8)	20,256 (1.1)	78,813 (4.3)	9,023 (0.5)	1,841,435 (100.0)
함경북도	177,230 (10.7)	13,251 (0.80)	1,364,671 (82.4)	19,711 (1.2)	67,911 (4.1)	13,582 (0.8)	1,656,355 (100.0)
강원도	166,444 (15.2)	8,997 (0.8)	847,035 (77.2)	11,082 (1.0)	43,229 (3.9)	20,408 (1.9)	1,097,195 (100.0)
합계	1,986,811 (16.4)	123,983 (1.0)	9,042,718 (74.5)	168,898 (1.4)	693,675 (5.7)	127,331 (1.0)	12,143,414 (100.0)

자료: 한국토지공사(1997; 2000), 한국감정원(1996), 엄수원(2002) 등.

보다 많지만 구성비는 남포(6.2%)가 평양(4.1%)보다 많다는 것으로써 남포가 평양보다 상대적으로 공업화된 도시임을 보여주고 있다.

셋째, 도지역의 경우 주민지구토지의 구성비는 0.5~2.0%에 불과하다. 산업토지의 구성비도 0.5~2.7%에 불과하다. 도지역은 도시화와 산업화가 매우

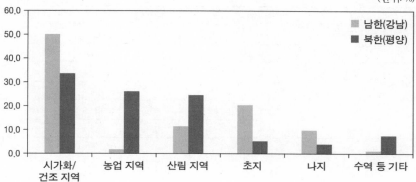

〈그림 4-2〉 남북한 대표 도시의 토지이용 실태 비교

(단위: %)

미미한 상태라는 것을 뜻한다.

(3) 토지소유 실태

북한은 기본적으로 사유재산제도를 전면 부인하고 있다. 토지의 사적 소
유를 인정하지 않고 있다.[10] 토지의 소유 형태도 국가 소유와 사회협동단체
소유로 제한하고 있다.

'헌법'과 '토지법'에서 "국가는 협동단체에 들어있는 전체 구성원들의 자발
적 의사에 따라 협동단체 소유를 점차 전 인민적 소유로 전환시킨다"('헌법' 제
23조, '토지법' 제12조)고 밝히고 있는 바와 같이 사회주의적 소유 형태인 국가
소유와 사회협동단체 소유는 다시 협동적 소유를 점차적으로 줄이고 전 인민
적 소유 즉, 국가 소유로 전환할 것을 의도하고 있다.

그리고 북한은 모든 토지를 국가 소유로 전환해 사회주의 국가의 이상을
실현하고자 함에 최고의 가치를 두고 있다. 결국 사회주의 혁명이 완성되면

---

10) 조선민주주의인민공화국 '토지법' 제9조.

<표 4-4> 국·공유지 및 사유화 비율: 북한

(단위:%)

구분		1949년	1953년	1956년	1957년	1958년
공업	국·공유지	90.7	96.1	98.3	98.7	100.0
	사유지	9.3	3.9	1.7	1.3	0.0
농업	국·공유지	3.2	32.0	80.9	95.6	98.6
	사유지	96.8	68.0	19.1	4.4	1.4
상업	국·공유지	56.5	67.5	84.6	87.9	100.0
	사유지	43.5	32.5	15.6	12.1	0.0

자료: 한국토지공사(1997, 2000); 한국감정원(1996); 엄수원(2002) 등.

생산수단에 대한 국가적 소유나 소비품에 대한 개인소유만이 남게 된다.

(4) 토지제도[11] 및 토지개혁

① 정의

공산주의의 토지개혁이란 대규모 토지를 소유한 반동보수주의자로부터의 무상 몰수한 토지를 소규모 농민에게 무상 양도한 것을 의미한다(한국토지공사, 2000; 한국감정원, 1996; 엄수원, 2002).

북한의 토지개혁도 이에 준하고 있다. 개념은 '농민을 봉건적 착취와 억압에서 해방하기 위한 민주주의적 경제개혁' 또는 '봉건적 토지소유 관계와 착취 관계를 청산하고 새로운 토지소유 및 이용 관계를 확립하는 경제개혁'이라고 정의한다.

---

11) 북한의 부동산 관련 법제는 ① 토지개혁 시기(1945~1953), ② 농업협동화 시기(1954~1971), ③ 사회주의 헌법 제정 이후 시기(1972~1991), ④ 대외경제 개방 추진기(1992 이후)로 구분할 수 있다(허문영 외, 2009).

② 목적

'조선민주주의인민공화국'(1948.9.9)의 모태인 북조선임시인민위원회는 남북 분단으로 식량 사정이 악화되자 토지개혁을 추진했다. 또한 기존의 지배계급이 자신의 물적 토대를 이용해 정권을 재장악하려는 시도를 막고, 인민정권이 노동연맹을 강화해 기존 지배계급의 물적 토대를 박탈하기 위한 사회경제적 개혁의 필요 측면에서도 토지개혁을 추진했다.

③ 특성

북한의 토지개혁은 "고용농과 빈농에 튼튼히 의거하고 중농과 동맹하여 부농을 고립시키고 지주의 모든 반항을 철저히 분쇄한다"는 계급정책을 바탕으로 했다. 고용농과 빈농을 중심으로 농촌위원회가 조직되었다. 이 조직은 토지개혁을 수행했으며 토지개혁 전 과정에 걸쳐 집행자인 동시에 농촌 계급투쟁의 거점 역할을 했다.

'북조선토지개혁에 대한 법령'은 지주제 및 소작제를 철폐하고 경자유전(耕者有田)의 원칙에 기초한 자주적인 토지이용권의 확립을 목적으로 하고 대중의 지지를 이끌어냈다. 북한의 토지개혁을 단기간에 완료할 수 있었던 주요 원인이었다.

한편, 해방 후 상당 기간 동안 남북한 왕래가 용이했기에 친일파·부재지주 등이 신변의 위협을 느끼고 월남[12]했고, 북한이 남한보다 계급 갈등이 적었

---

12) 월남한 사람들의 토지는 북한에서 몰수되었다. 이를 몰수토지 또는 침해토지로 언급하며, 이에 대해 구체적 설명은 다음과 같다. 첫째, 남한으로 월남한 사람의 토지를 포함한 북한 내 지주계급들로부터 몰수한 토지가 존재했다. 즉, 북한 내에 실존하나 북한 지역의 지적 등이 훼손되어 실질적인 파악은 어려운 실정이었다. 둘째, 북한의 토지몰수에 의해 피해를 입은 사람 규모는 220만~320만으로 추정된다. 셋째, 1945년 8월 15일부터 1953년 정전 시까지 월남자 수 통계는 다양하다. 예를 들어 이북5도청은 500만 명, 한국방송공사는 450만(6·25 이전 350만, 6·25로 인한 월남자 100만), 그리고 일부 학자 유의

기에 용이하고 신속하게 토지개혁이 추진될 수 있었다.

(5) 북한 토지제도의 특성

현재 북한의 토지제도의 특성을 살펴보되 남한의 특성과 연계하도록 한다. 이는 통일 후 남북한 토지제도의 일원화가 궁극적으로는 필연적이기 때문에 현행 북한제도의 특성을 살펴보되 남한과의 연계 속에서 검토하도록 한다. 남북한은 토지에 대한 인식 문제에서 토지가 생산요소라는 데에 인식을 같이 하고 있다. 그러나 토지의 소유 형태에서 남한은 수정자본주의적 사상에 의한 소유권 절대 원칙하의 사적 소유 측면을 강조하고, 북한은 사적 소유권을 부정하는 사회주의적 소유 사항에 의한 전체 구성원(인민) 소유 원칙에 의한 집단적 소유 측면을 강조하고 있다. 따라서 남북한의 토지소유에 대한 인식의 차가 상당하며, 소유 이념에 근거한 헌법 이하의 개별 법령의 규정 역시 상이한 원칙 규정을 두고 있다.

2) 남한의 토지 실태

남한의 토지제도는 정부 수립 초기 큰 변혁이 세 번 있었다. 첫째, 미군정에 의해 단행된 귀속재산의 처리, 둘째, 정부 수립 이후 한국 정부에 의한 토지개혁, 셋째, 수복지구의 처리이다.

영(120만), 권태환(139만) 등의 통계가 있다. 상기는 월남자의 다수(적어도 약 50%)가 몰수토지에 의한 피해자이며, 몰수토지에 대한 문제가 제기될 가능성이 매우 크다는 것을 의미한다.

(1) 미군정의 토지처리

① 귀속재산의 대두와 처리 필요성

해방 후 미군정이 남한에 대한민국 정부가 수립되기 전까지 사실상의 정부로서 존재할 때 가장 중요한 문제로 제기한 것이 귀속재산[13]의 처리 문제였다. 귀속재산은 일본의 국유재산, 일본인의 사유재산 또는 일본의 법인, 단체, 조합 등 모든 기관이 소유하는 부동산, 동산, 채권 등의 일체의 재산 가치로서 천문학적인 규모였다.

상기 재산의 처리 문제는 사회경제적 측면으로는 소작농민들과 지주들의 대립, 이데올로기 측면에서는 진보 세력과 보수 세력의 각축장이었다. 처리 방식이 남한의 경제체제 및 정치사회체제를 결정하므로 초미의 관심사일 수밖에 없었기 때문이다.

② 처리의 특성

소련군이 북한에 주둔하면서 토지를 무상몰수·무상분배해 토지개혁을 단행한 것에 비해 미군정은 귀속재산 처리에 따른 남한 내부적 갈등의 표출 우려와 한국 상황에 대한 정보 부족 등으로 인해 소극적 견지를 취하며 다각적 조치를 모색했다. 처음에는 좌우익의 대립으로 소극적 자세로 일관했으나

---

13) '귀속재산'의 의미는 첫째, 귀속재산은 일본이 패전으로 인해 일본국 및 일본인이 한반도에 남긴 공유·사유재산 일체를 뜻한다. 둘째, 당시 '미군정의 법령'[제33호 (Vesting Title to Japanese Property within Korea) 제2조]에 따르면 다음과 같이 구체적으로 정의되어 있다. "귀속재산은 1945년 8월 9일 이후, 일본 정부, 그 기관 또는 그 국민, 회사, 단체, 조합, 일본 정부의 기관단체 혹은 일본 정부가 조직 또는 통제하는 단체가 직접 또는 간접으로 전부 혹은 일부를 소유 또는 관리하는 금, 은, 백금, 통화, 증권, 예금, 채권, 유가 증권 또는 본 군정청의 관할 내에 존재하는 기타 전 종류의 재산 및 그 수입에 대한 소유 재산"이다.

북한에 대한 소련 영향력 견제와 남한의 반공 정권 수립을 위해 우익의 견해를 중시하고 귀속재산의 매각을 통한 사유화를 추진했다.

미군정 이후 귀속재산의 매각은 1962년까지 계속되었다. 미군정의 귀속토지 매각에 의한 사유화정책은 남한의 토지소유 형태를 자본주의적 소유 형태로 전환하는 역할을 했다. 그 결과 형성된 자본주의적 소유 형태는 문제를 내포하고 있었으며, 사회적 형평에 반한 사유화 추진과 장기화는 본래의 개혁의 의미를 왜곡시키는 측면도 있었다.

(2) 한국 정부에 의한 농지개혁

① 과정과 특성

해방 후 전근대적 지주소작제의 존속으로 농민들의 불만은 거세졌다. 이는 농지개혁에 대한 요구로 이어졌고, 1946년 3월 북한의 토지개혁에 의해서 촉진되었다.

북한은 무상몰수·무상분배의 원칙에 따랐지만 25~40%의 현물세를 농민에게 부과했다. 반면에 남한은 유상수용·유상분배에 의해 15할을 5년 동안 상환하도록 하여 연간 상환부담이 가중했다. 이처럼 새로운 독립국가 수립의 초기에 농지개혁은 정치적·경제적·사회적 세력 확보를 기하고자 농민과 지주의 대립적인 이해관계를 기본으로 하여 농지개혁의 방향을 농본주의와 산업주의의 두 가지 대안에 초점을 맞추었다.

농지개혁과 관련해 제헌 헌법 제86조는 "농지는 농민에게 분배하며 그 분배의 방법, 소유의 한도, 소유권의 내용과 한계는 법률로써 정한다"고 규정했다. 이에 따라 국회는 농지개혁을 농본주의와 산업주의 중 후자에 그 의의를 두어 토지자본을 산업자본으로 전환하는 수단으로 파악해 보상지가를 높게 책정했다.

〈표 4-5〉 농지개혁: 준비에서 실시까지

연도	날짜	주요내용
1946년	3월 5일	북조선임시인민위원회, '토지개혁법' 공포
1948년	3월 22일	미군정, 귀속농지 매각령 공포
	9월 13일	조봉암 농림부 장관 취임
	9월 30일	이승만, 시정연설에서 농지개혁 주장
	11월 22일	농림부, '토지개혁법' 시안 공개
	12월 7일	이승만, 라디오방송에서 농지개혁 주장
1949년	1월 4~28일	농림부, 각 도청 소재지에서 공청회 개최
	2월 4일	조봉암 농림부 장관 사의
	2월 5일	기획처의 농지개혁안 국회 송부
	4월 27일	농림부, 가 시·도에 농지개혁 지침 시달
	6월 20일	정부, 농가 실태조사 착수
	6월 21일	정부, '농지개혁법' 공포
	7월 1일	국회, '농지개혁법' 개저 착수
	12월 21일	농림부, 농가 실태조사 결과 발표
1950년	2월 3일	정부, 각 시·도에 농지소표 작성 지시
	3월 10일	정부, '농지개혁법' 개정 법령 공포
	3월 15~24일	농가별 분배 농지 일람표 공람
	3월 25일	정부, '농지개혁법' 시행령 공포
	4월 15일	정부, 농지개혁 완료 발표
	4월 28일	정부, '농지개혁법' 시행 규칙 공포
	5월 27일	정부, 분배농지상환대장 작성 지시
	6월 25일	한국전쟁 발발

'농지개혁법'의 핵심은 가구당 분배 규모, 상환지가의 수준과 방법, 농민의 참여 수준, 지주의 산업자본화 등이었다.

분배 기준과 농지소유 상한의 문제, 농지위원회의 지위와 산업자본으로의 전환 등 이런 문제는 '농지개혁법'이 사회적 형평과 공공복리의 실현을 위해 어느 정도 기여했는지 검토하는 데 비교 기준을 제시하기 때문이다. 특히 농지개혁의 성패를 결정하는 것은 사회적 형평의 충실 여부라 할 수 있다. 소수의 지주보다는 다수 소작인들의 자산 소유를 중시해야 초기 민주적 법치국가 확립의 사회통합을 용이하게 할 수 있었기 때문이다.

연간 상환량은 적정선을 초과한 3할이었고, 농지소유 한도는 사회적 형평과 괴리가 있었다. 또 농민의 참여는 형식에 불과한 것으로 산업전환으로의 전환도 그 소기의 목적한 바를 달성하지 못한 측면이 있었다.

② 결과

농지개혁의 결과 소작의 비중은 농가 기준으로 85.9(1945년)~19.9%(1959년), 면적 기준으로는 65.0(1945년)~7.7%(1959년)로 크게 감소했다.

농지개혁이 단행되면서 제기된 문제점들은 그 유형과 규모가 방대했다. 따라서 농지개혁에 관련된 소송 결과는 이해당사자 및 정책에도 큰 영향을

〈표 4-6〉 남한의 소작 면적 변화 추이

(단위: %)

구분	1945년	1959년	변화(1945~1959년)
농가 수 기준	85.9	19.9	-66.0
면적 기준	65.0	7.7	-57.3

자료: 한국토지공사(1997, 2000); 한국감정원(1996); 엄수원(2002) 등.

〈그림 4-3〉 남한의 소작 면적 변화 추이

(단위: %)

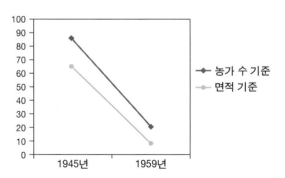

끼쳤다. 이는 건국 초기의 법 제정의 역량 부족과 행정의 미비, 국민의 낮은 법치주의 의식에 기인한 것이다.

(3) 토지재산 가격의 추정

① 토지재산의 규모 추정 및 방대성

남한의 개인소유지는 7만 3139km²로서 남한 전체 면적의 약 73%에 해당 된다. 이를 공시시가 기준으로 가격을 추정하면 일부 국공유지가 포함된 가격이지만 약 2000조 원(2006년)에 해당된다. 이는 1997년(1300조 원)에 비해 약 1.5배 상승한 규모이다.

만약 국공유지의 가격도 사유지의 가격과 유사하다고 가정하면 2005년 말 남한의 지가총액은 약 2740조 원에 해당된다. 이는 GDP의 약 4배정도에 해당된다.

② 높은 단위가격과 영향

남한의 토지 가격 총액은 연간 GDP의 4배에 달하는 큰 규모일 뿐만 아니라 단위가격이 고가임을 보여주고 있다. 토지의 단위가격이 고가라는 것은 공공용지, 산업용지 등의 경쟁력 저하 요인이 되기도 한다.

3) 남북한 토지 실태의 비교

(1) 토지소유의 형태

토지소유권에 대해서는 남한은 개인의 사적소유권 및 개인과 기업 등의 공동소유와 국가의 공공성 확보를 위한 국가소유가 모두 인정되고 있다. 이에 비해 북한은 국가와 협동단체의 소유만을 인정하고 있다. 이는 사회주의 국가들이 사유재산을 부정하는 측면과 일치하는 것으로써 개인소비의 목적물에 대해서는 제한적으로 개인소유가 인정되고 있다.

원칙적으로 남과 북은 토지의 사적 소유 인정 여부에 대해 대립적 관계에 있으나, 구체적인 면에서 남한은 토지에 대한 사적 지배 영역이 공익적 영역의 확대 측면에서 공법적 규제가 강화되고 있으며, 토지소유권 중 일부의 제한 가능성이 법률 유보하에 있다.

북한은 토지에 대한 사적 소유를 금지하고 있으나 헌법상의 협동농장 내 텃밭 경작에서 개인부업, 경지 내의 생산물에 대한 개인소유 인정과 이에 대한 상속권이 인정되고 있다는 측면에서 토지이용권의 사적 인정으로 해석된다. 제32조에 지도적 계획경제 신설 규정을 보면 부분적 시장경제 도입을 가능하게 하는 해석도 있다.

종합하면 남한의 토지소유 형태는 토지에 대한 개인의 소유권을 인정하면서 토지소유권에 대한 강한 공공성과 사회성을 인정해 공법적 규제가 강화되고 있다. 북한에서는 개인에게 토지의 자유로운 사용, 수익, 처분권이 인정되지 않고 다만 계획에 의한 이용이 강조될 뿐이다.

(2) 토지의 이용·관리

토지이용에서 남한은 헌법 제112조에 의해 국토의 효율적이고, 균형 있는 이용·개발과 보전을 위해 법률이 정하는 바에 의해 필요한 제한과 의무를 부과할 수 있도록 규정되어 있고, '농지의 보전 및 이용에 관한 법률' 제8조에는 성실경작 의무 등을 부과하고 있다. 이는 토지에 대해 개인의 소유권과 이용의무의 부과를 통한 공공복리 적합성을 유도하기 위해 소유권과 이용권의 조화에 중점을 두고 있는 점을 나타내주고 있다.

남한은 토지의 효율적 이용 관리를 위해 용도 구분에 의한 이용과 관리가 이루어지고, 다양하고 복잡한 제도에 의해 운용되고 있다. 이에 비해 북한은 국가계획에 의해 운영되고, 또한 사회경제발전이 미흡해 매우 단순한 토지이용제도를 두고 있다. 이는 통일 후 북한 지역 토지의 이용·관리 측면에서 장애 요인으로 작용할 소지가 있다.

(3) 비교 종합

남북한 토지제도를 비교 분석해 종합하면 다음과 같다.

첫째, 소유 사상은 남한은 자유주의 사상이며 북한은 사회주의적 소유 사상이다.

둘째, 토지소유제도는 남한은 개인소유를 인정하나 북한은 개인소유를 부정한다.

셋째, 토지 법제는 남한은 기본적으로 토지의 개인소유를 인정하나 토지이용에서 각종 행정 규제가 존재하고, 북한은 사회주의적 이데올로기와 주체사상에 충실하며, 주로 토지의 관리·이용의무를 중심 내용으로 하는 민사법적 규정과 행정법적 규정이 혼재하고 있다.

넷째, 남한은 토지등기가 존재하며, 북한은 토지등록제도가 존재한다.

다섯째, 토지임대차제도는 남과 북이 법적으로 임대차를 인정하나 북한의 경우 활성화가 이루어지지 않는다.

여섯째, 토지거래는 남한은 원칙적으로 가능하나 북한은 법적으로 금지되어 있다.

일곱째, 토지담보는 남한은 가능하나 북한은 원칙적으로 금지되어 있다 (토지사용권의 저당은 가능하다).

여덟째, 토지이용제도는 남한은 각종 규제가 존재하고, 북한도 토지의 이용 의무를 강조하고 있다.

아홉째, 해외이주자 및 외국인의 토지소유권은 남한은 인정하나, 북한은 북한을 탈출한 개인의 소유재산을 몰수한다.

〈표 4-7〉 남북한의 토지제도 비교·분석

분류	남한	북한
소유 사상	자유주의 사상	사회주의적 사상
토지소유제도	개인소유 인정	개인소유 부정
토지 법제	기본적으로 개인소유 인정, 토지지용에 각종 행정 규제 존재	사회주의적 이데올로기와 주체사상에 충실, 토지 관리·이용 의무를 중심으로 한 규정이 혼재
토지등기·등록제도	토지등기 존재	토지등록제도 존재
토지임대차제도	법적으로 임대차 인정	법적으로 인정하나 활성화되지는 않음
토지거래	원칙적으로 가능	원칙적으로 금지
토지담보	가능	원칙적으로 금지
토지이용제도	각종 규제 존재	토지의 이용 의무 강조
해외이주자 및 외국인의 토지소유권	인정	탈북자의 소유재산 몰수
토지가격	단위가격이 고가, 가격의 총규모 방대	기본적으로 가격 설정 안 함, 용도 등을 기준으로 간접적 및 개략적 추정 가능

열 번째, 남한은 토지가격의 총규모가 방대하고 단위가격도 고가이나 북한은 기본적으로 가격이 설정되지 않는다. 다만 용도 등을 기준으로 간접적 및 개략적 추정은 가능하다.

3. 몰수토지와 수복토지 사례의 특성과 시사점

1) 몰수토지[14] 해외 사례의 특성과 시사점

(1) 배경

구동독의 사회주의 경제체제 확립은 1945년 소련 점령군과 구동독 정부에 의해 정해진 토지개혁 및 농업집단화 등 토지를 비롯한 생산수단의 국공유화 과정을 거치면서 이루어졌다.

그러나 베를린 장벽 붕괴(1989.11.9), 양독 간의 '통화·경제·사회동맹'을 체결(1990.5.18) 및 발효(1990.7.1)하며 동서독은 45년 만에 사회경제적 통합이 이루어졌다.

경제·사회통합에 부수되는 각종 조치 중 재산권에 관한 문제는 국민들의 이해가 직결되어 있고, 경제적·사회적 영향이 크므로 많은 논란과 갈등이 있었다. 특히 몰수된 사유재산의 원상회복 문제를 해결하기 위해 많은 법률의 제정과 운영 등 조치가 지속적으로 진행되고 있다.

(2) 몰수재산의 처리 실태와 대두된 문제점

독일의 경우 자유경제체제로의 통합 및 적극적 사유화를 추진했다. 아울러 구동독 사회주의 체제의 확립 과정에서 불법적 몰수 등 반(反)법치국가적 방법으로 야기된 각종 재산상의 피해가 원상회복되기를 추진했다. 이에 따라 토지의 경우 당초 구동독 지역에 토지를 소유하고 있었던 사람들의 해당 토지에 대해 반환해주는 것을 원칙으로 했다. 그러나 완벽한 원상회복을 추진할 경우 이해관계인들의 과도한 요구 쇄도, 복잡다기한 법률관계의 초래,

---

14) 독일, 특히 구동독 지역에서의 사례를 중심으로 한다.

〈표 4-8〉 구동독 토지 부문 처리 실태

(단위: 건, %)

구분	신청(A)	처리율(%) (B/A*100)	합계(B)	반환	국가관리 폐지	보상결정	기각	신청 취하 등	기타
계	2,222,607	35.6	791,403 (100.0)	242,750 (30.7)	151,037 (19.1)	23,732 (3.0)	263,375 (33.3)	72,230 (9.1)	38,279 (4.8)

주: 1) 1994년 3월 31일 현재.
    2) 토지 등 부동산 부문.
자료: 김용학(1997: 350), 허문영 외(2009).

〈그림 4-4〉 구동독 토지 부문 소송·처리 건수 및 처리의 집행 내역

(단위: 건, %)

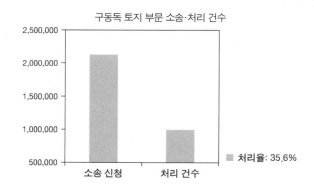

처리 절차의 지연 등 많은 문제의 발생이 예상되어 논란이 컸지만, 기본권상의 재산권 보장 원칙을 몰수재산처리의 기본 원칙으로 선택했다. 즉, "동독 성립 후 동독 지역에서 박탈되었던 구소유권은 모두 구소유권자에게 반환되며 이것이 불가능한 경우 보상한다"라고 하며 반환에 우선적 의미를 부여했다(김용학, 1997: 346~353).

그러나 이러한 반환 원칙은 '불확실한 소유권 → 사회 혼란 및 투자 지연'으로 이어졌다. 즉, 통일 후 4년간 구소유재산 반환 소송이 222만 건[15]이 제기되어 사회적 혼란을 크게 야기했을 뿐만 아니라 동독 지역의 경제재건에도 역기능으로도 작용했다. 이에 따라 추후 반환 원칙을 재고하고 보상주의로 조정한 바 있다. 한편 보상에서도 토지의 용도별[16]로 다양하게 설정했으며, 그 결과 추정된 보상금도 규모에 따라 누진적으로 삭감률[17]을 설정해 지급했다.

(3) 독일 사례가 주는 시사점

독일 사례가 주는 시사점은 다음과 같다.

첫째, 자본주의적 재산권제도와 자유시장경제 질서로의 전환에 신중함이 필요이다. 즉, 토지 부문 등은 재산권과 연계되므로 이해관계가 첨예할 뿐만 아니라 통일 후 북한 지역 주민의 생활 안정과 북한 지역 투자에 지대한 영향

---

15) 모두 222만 2000건의 소송이 제기되었으며 이 가운데 35.6%인 79만 1000건이 처리되었다. 처리된 791만 1000건 가운데 30.7%인 24만 3000건이 원소유자에게 반환되었다. 반환보다 많은 26만 3000건(33.3%)이 기각되었으며, 보상결정된 건수는 3.0%인 2만 4000건에 불과했다(〈표5-8〉 참조).

16) 농지임야는 1935년 단위가치의 3배, 임대주택 대지는 4.8배, 50% 이상이 택지인 다용도 토지는 6.4배, 상업용지 등은 7배, 나대지는 20배 등으로 책정한다.

17) 보상금이 1만 마르크 이상일 경우 95%까지 누진적으로 삭감하되 현금 또는 채권의 형태로 지급한다.

을 주기 때문이다. 이는 사유화를 적극 추진하되 제한적일 필요가 있다는 의미를 내포한다. 자유시장경제로의 전환을 위해 사유화는 필수적이나 토지가 갖는 특수성을 감안해 체계적인 틀 마련, 공개념 적용 검토 등과 같은 사유화의 내용과 속도 조절의 필요가 있다.

둘째, 공적 개입의 필요이다. 토지는 북한 지역의 주요한 생산요소일 뿐만 아니라 몰수토지의 존재 등 소유권 구조의 복잡성 등을 감안할 때 시스템의 구축 후 시장에 맡겨두는 것이 아닌 통일 후 경제사회의 효과적 통합을 위해 적극적 공적 개입이 필요하다.

셋째, 피해자에 대한 처리는 기본적으로 필요하다. 구동독에서와 마찬가지로 북한 지역에서도 불법적 몰수토지가 있었던바 이에 대한 처리는 기본적으로 필요하다. 특히 대한민국의 헌법에 대한민국의 영토는 한반도와 그 부속도서로 한다고 명시되어 있어 북한 지역은 이른바 미수복토지이며 북한 지역을 탈출해 자유세계로 온 바에 따라 발생한 몰수토지라는 피해가 발생한 데에 대해서는 통일 후 미수복토지가 수복됨에 따라 그 구체적 처리는 필요하다는 것이다.

넷째, 처리에 있어 원상회복은 그 자체가 극히 어렵거나 불가능할 뿐만 아니라 그 역기능이 매우 큰바 원상회복 자체의 채택은 바람직하지 않다는 것이다. 더욱이 북한 지역의 경우 등기부의 폐지, 새로운 형태의 협동농장으로 변화, 토지 용도의 큰 변화 등이 있어 구동독보다 더욱 어려울 것이며 경제 활성화의 장애 등 역기능이 클 것이다.

다섯째, 원상회복이 아닐 경우 합리적 방법을 도출해야 하며, 독일에서와 같은 보상 원칙을 검토할 수 있을 것이다.

여섯째, 보상의 경우 실질적 보상이라기보다는 통일 후 갖게 될 한계 등을 감안한 현실적 보상이 필요하다. 독일에서와 같이 보상 규모를 산출한 다음 규모 등을 기준으로 삭감률을 누진적으로 적용하는 등 합리적 보상방안과 기준을 만들어 적용하는 것이 바람직하다.

2) 수복토지[18] 국내 사례의 특성과 시사점

(1) 수복지구의 발생

수복지구는 1945년부터 휴전협정 전까지 북한의 행정구역으로 1946년 3월에 북한의 토지개혁이 실시되었던 지역이다. 1953년 휴전협정의 체결로 휴전선이 생기면서 북위 38도 이북의 경기도와 강원도 일부 지역이 한국 정부에 의해 수복되었다. 유엔군이 관할하다가 1954년 10월 21일 자로 한국 정부에 일반 행정권이 이양되면서 '수복지구'라고 불리게 되었다.

(2) 수복지구 처리의 필요성

수복지구는 농지개혁의 필요성과 동시에 여러 가지 현실적인 문제점이 제기되었다. 전쟁으로 인한 인구 이동, 행정문서 소실, 북한 토지개혁에 의해 토지를 분배받은 주민, 해방 후 월남한 원주민과 인근 지역의 피난민, 농지 때문에 유입된 이주민들 간의 토지분쟁이 격화되었다. 따라서 한국 정부는 1954년 10월 21일 '수복지구임시행정조치법'(법률 제350호)을 공포해 행정구역의 조정과 행정 기능을 회복시키고자 했다.

(3) 처리방안

수복지구 내 북한의 토지개혁으로 몰수, 분배된 토지는 불법적인 것으로 원소유자에게 원상회복되었으나 원소유자를 어떻게 규정하는가의 문제가

---

18) 당초 북한 토지였던 부분이 휴전(1953년) 후 북한으로부터 남한 지역으로 수복된 토지를 뜻한다.

제기되었다. 또한 수복지구 내의 인구 유입과 소유권이 불분명한 토지가 발생하면서 소작이 발생하고 점유권·경작권에 관한 분쟁이 일어나고 있기 때문에 농지개혁의 문제가 제기되었다. 수복지구에서 경작권을 둘러싼 분쟁은 전란으로 인해 근거 공부가 소실되었을 뿐만 아니라 특정한 법적 조치 없이 영농이 시작되었기 때문에 제 문제가 발생했다.

현재까지 수복지구 농지 분배에 관한 민원과 법적 분쟁이 계속되고 있는 실정이나 행정 절차상에서는 1968년 3월 13일 '농지개혁 사업 처리에 관한 특별조치법'과 1982년 12월 31일 '수복 지역 내 소유자 미복구토지의 복구등록과 보존등기 등에 관한 특별조치법'(개정 1988.12.31, 법률 제4042호)에 의해서 종결되었다.

(4) 시사점

수복지구의 농지개혁은 지리적 특수성으로 인해 지연되었을 뿐만 아니라 입법적 보완이 신속히 행해지지 못한 까닭에 사실상 농지의 불법적 매입이나 거래를 제한하지 못해서 기대 이상의 효과를 달성하지 못했다. 한편, 정부 수립 전후로 귀속재산[19]의 매각, 농지개혁, 수복지구의 토지개혁에 있어서 전반적인 사유화 조치가 효과적이지는 못했다.

수복지구의 토지 문제와 처리의 특성이 주는 시사점은 첫째, 통일 후 북한

---

19) 귀속재산은 일본이 패전으로 인해 일본국 및 일본인이 한반도에 남긴 공유·사유재산 일체를 뜻한다. 천문학적인 규모였던 상기 재산의 처리 문제는 사회경제적 측면으로는 소작농민들과 지주들의 대립, 이데올로기 측면에서는 진보 세력과 보수 세력의 각축장이었다. 처리 방식이 남한의 경제체제 및 정치사회체제를 결정하므로 초미의 관심사일 수밖에 없었기 때문이다. 미군정의 귀속토지매각에 의한 사유화정책은 남한의 토지소유 형태를 자본주의적 소유 형태로 전환하는 역할을 했다. 그 결과 형성된 자본주의적 소유 형태는 사회적 형평에 반한 사유화 추진과 장기화(1962년까지 진행)로 본래의 개혁 의미를 왜곡시키는 측면도 있었다.

지역의 소유권 확인 대책을 세워야 할 것이라는 점이다. 둘째, 부정확한 자료와 증언 중심 처리의 위험성이다. 즉, 부정확한 자료와 증언으로 소실된 공부를 재구성하는 것은 불완전하므로 이를 바탕으로 소유권 문제를 처리하는 것은 소유권 분쟁을 초래할 가능성이 높아 결과적으로 큰 사회적 모순을 유발할 가능성이 높다.

4. 북한 지역 토지 부문의 과제와 추진전략

1) 문제점 및 과제

통일 후 한반도 북한 지역에서 대두될 토지 부문의 문제점과 과제는 다음과 같다.

첫째, 과도기의 혼란이다. 통일 이후 토지 문제의 이해당사자들은 통일의 대승적 의미보다는 자신의 권익을 찾는 데 더 관심 가질 것이다. 따라서 이를 다루는 정치적인 결단이 필요하다.

둘째, 토지소유권 반환 요구에 따른 과제이다.[20] 몰수토지 원소유자의 소유권 주장의 합리적 수용이 필요하다.

---

20) 토지소유권 반환 요구에 따른 과제 등은 다음과 같다.
   ① 반환청구권을 인정할 것인가?
   ② 인정할 경우 현재 생활 기반으로 하고 있는 북한 주민들의 이용권(연고권 내지 경작권)은 어떻게 할 것인가?
   ③ 소유권을 어떻게 확인할 것인가?
   ④ 해당 토지에 관공서, 도로, 항만 등 공공시설 또는 집단주거단지, 시가지 등이 있을 경우 어떻게 할 것인가? 만약 보상한다면 언제의 토지가격을 기준으로 할 것인가?
   ⑤ 소유권에 분쟁이 발생하면 조정은 누가할 것인가?

셋째, 북한 주민의 생존권 담보의 절대적 필요이다. 현 북한 주민의 토지 이용권 보호의 효과적 확보와 생활 기반인 토지를 북한 주민이 소유할 수 있는 방안 모색이 우선되어야 한다. 이에는 구매의 우선권뿐만 아니라 매입자금 융자 방안 마련이 포함되어야 한다. 사유화 및 이용권의 범위의 설정, 공개념의 적용, 효과적 개발방안을 모색하고 이용을 극대화해 북한 주민의 경제 수준 증대를 도모해야 한다.

넷째, 북한 지역 토지투기와 난개발의 가능성과 이에 대한 효과적 방지가 필요하다. 토지시장의 미발달과 가격체계의 혼란, 남북한 주민간의 경제력 격차에 따른 토지구입 기회의 불균등과 남한 지역 내 난개발과 투기 현상의 전이 가능성에 대한 효과적인 방지 대책이 필요하다.

2) 목표와 기본 방향

(1) 목표

토지 부문 정책의 목표는 다음과 같다. 첫째, 통일 이후 국가목표 달성에의 기여이다. '과거'(소유)를 인정하되 '현재'(북한 주민의 실효적 보유 및 관리)와 '미래'(국가 성장과 발전)를 체계적으로 고려해 정상적인 국가 성장에의 기여 및 장애 배제를 통해 통일 이후 국가목표 달성의 효과성 증대에 기여한다.

둘째, 통일 한반도의 사회적 형평성과 경제적 효율성을 함께 도모하는 토지제도를 조성해 계층 간, 지역 간[21] 등의 형평성 확보에 기여한다.

셋째, 토지의 합리적 이용 활성화를 통한 경제 활성화를 도모한다. 생산요소인 자본, 인력, 토지 가운데 북한에서 가용한 주요 자원이 토지이다.

넷째, 토지수요의 합리적 및 체계적 수용을 통해 난개발 및 토지투기를 억

---

21) 지역 간은 일차적으로 남북한을 뜻한다.

제한다.

(2) 기본 방향

토지 부문 통합을 위한 기본 방향은 다음과 같다. 첫째, 통일한국의 목표와 조화를 이루어야 한다. 목적이 무엇인가와 처리를 어떤 방향으로 해야 하는가에 영향을 줄 수 있어야 한다. 정서상 또는 법의 정신으로 볼 때 어떤 방향이 바람직해도 국가목표와 조화를 이루어야 한다. 독일의 사례에서 보듯이 무분별한 과거 소유 인정은 혼란과 투자 위축으로 이어지고 있었던 것을 감안해 문제점에 반영한다.

둘째, 소유보호도 중요하나 관리보호[22]도 중요하게 고려한다. 원소유자의 소유권 보호도 중요하나 수십 년 동안 실질적 보유, 관리해왔던 권익도 중요하게 인식해야 한다. 그러한 점에서 법의 정신을 광의적 관점에서 고려할 필요가 있다.

셋째, 효율성·형평성 또는 정의에 부합 여부를 종합적으로 검토한다. 남한 법체계 내의 형식 논리에 의한 해결 또는 처리를 배제하며 경제적 뿐만 아니라 정치적 차원의 해결이 필요하다. 효율성(경제적 효율성)·형평성(사회적 정의, 법 정신)·효과성(목적의 달성도) 등의 관련 요소 모두 고려가 필요하다. 또한 편익-비용 비율(Benefit-Cost ratio: B/C Ratio)의 적용에서 비용과 편익은 각각 직접적·간접적으로 모두를 고려해야 한다.

넷째, 통일비용의 최소화와 편익의 최대화를 고려한다. 통일비용은 직접비용과 아울러 간접비용도 고려한다. 예를 들면 원소유자 토지 처리를 위한 비용에는 직접 지불비용과 아울러 처리비용[23]등 간접비용도 포함된다. 통일

---

22) '분단에 기인한 불법', 즉 몰수토지의 경우에는 구소유자에게는 회복의 의미를 주되, '체제에 기인하는 불법', 즉, 북한의 기존 제도에 의해 진행된 조치에 대해서는 회복의 의미를 배제한다.

비용의 최대화는 통일 의미의 감퇴와 아울러 통일한국의 약화를 의미하며, 통일비용의 최소화는 통일 의미의 강화와 아울러 통일한국의 강화를 뜻한다.

3) 추진전략

(1) 북한 지역 토지조사의 추진

토지 정보는 국가행정의 가장 기초적인 데이터베이스(Date Base)이다(이태교, 2004). 즉, 국유재산의 사유화 등 통일 후 예상되는 사회 혼란을 최소화하고 사회주의 경제체제가 시장경제체계로 전환하는 데 반드시 확보해야 하는 기초 자료이다. 사유화 과정에서 일차적으로 대두되는 문제는 구소유권의 처리 및 재산 가치의 평가 문제이다. 60여 년간 분단에 따른 영향의 소화와 자본주의식 가격체계가 부재한 상황에서 가치를 산정하는 것은 어렵다.

이러한 혼란을 최소화하고 시장경제체제의 기반을 조속히 마련하기 위해서는 지적공부를 재정비하고 복구해 토지정보체계를 구축하는 것이 필요하다. 이를 위해 북한의 토지 실태에 대한 면밀한 조사가 선행되어야 한다. 효율적인 북한 국토 조사를 위한 방향은 첫째로 통일 전 획득이 가능한 북한 국토 조사 및 조사 자료의 활용, 둘째로 북한 국토조사기구의 일원화 및 장기계획의 수립, 셋째로 북한 국토 조사 자료의 체계화 및 전산화이다.

(2) 토지소유 및 이용체계의 단계적 확립

토지소유 및 이용체계의 개편은 북한의 전반적 여건을 고려하여 단계적으로 추진한다. 북한 주민 및 관료들이 자유시장 경제원리에 적응하기 위해서는 일정 시간이 필요하다. 구사회주의 국가들의 경우 대개 5~8년 정도의 기

---

23) 투자 또는 개발지연, 원소유 확인을 위한 행정비용 등을 뜻한다.

<표 4-9> 단계별 추진 방향

단계별	주요 내용
제1단계	자유시장 경제원리 도입을 위한 준비단계
제2단계	자유시장 경제원리에 입각한 토지소유 및 이용의 확대
제3단계	남북한 토지소유 및 이용제도의 통합

주: 토지이용체제의 개편은 다음 3단계의 준비 과정을 거쳐야 한다.

간이 소요되었다. 통일 후 북한의 토지소유 형태를 일정 기간 동안 그대로 유지하며 협동농장의 소유 재산도 일정 기간 그대로 인정한다.

한편, 이원적 토지제도의 시행을 검토한다. 즉, 북한 주민의 생활 안정과 지역개발 병행이다. 이를 위해 첫째, 주거 및 생계유지에 필요한 토지는 제한된 범위 내에서 사유지로 분배하며, 둘째, 도로, 철도 등 기반시설과 도시건설, 공단조성 등 공공용 토지는 국유화하고, 셋째, 북한 지역의 개발 사업을 통한 이익은 북한 지역 재투자 또는 북한 주민의 생활 향상에 활용 등이다. 아울러 남한 지역과 연계 또는 한반도 전체를 대상으로 하는 장기개발계획의 수립을 추진한다. 이를 위해 먼저 조사를 실시하고, 공익용 토지와 사유화가 가능한 토지를 분류하는 토지 분류 사업을 실시한다.

(3) 토지공개념[24]의 적용 추진

통일 후 북한 지역 토지는 사유화보다 토지사용권을 위주로 하는 토지공개념을 제도화해 시행한다. 향후 남한 지역까지의 확산을 도모한다. 토지공개념을 적극적으로 활용, 일정한 기간 동안 국유화하에서 국토종합개발계획을 수립해 환경을 고려하고 산업구조의 조성을 뒷받침하도록 한다. 실제로 경제개발과 사회간접자본의 형성을 위한 공공용 토지를 확보하는 것이 어렵

---

24) 허문영 외(2009)의 경우 토지공공임대제의 도입을 제안하기도 한다.

기 때문에 종합계획수립하에 공개념 적용 범위를 설정한다. 북한 지역은 특히 임야가 전체 영토의 74.5%를 차지한다는 사실을 감안해 일단 국공유화한 후 장기개발계획하에서 사적 생산에 투여되는 임야는 공개념 적용하에 점차적으로 사유화를 추진한다.

(4) 관련 제도적 체계의 확립

기본법을 제정하고 이를 바탕으로 관련 법 체계 구축을 도모한다. 헌법 제 3조의 영토 규정의 형식 강조와 같이 형식 논리의 득세 우려가 있는 바 이를 합리적으로 배제할 필요가 있다.

(5) 중앙정부 차원의 전담기구[25])의 설치

관련 부서를 설치해 통일 후 토지 관련 일체의 업무를 전담하도록 한다. 토지조사, 지적 및 등기 복구와 국토개발 및 관리 업무를 담당하도록 한다. 상기 기구는 국유화 대상 토지와 사유화 대상 토지의 구분 및 사유화와 관련된 업무를 수행한다. 그리고 부동산시장의 구축 및 감독과 국토·지역·도시계

〈표 4-10〉 토지 문제 처리기구의 수행과제 : 통일 전 및 통일 후

구분	통일 이전 혹은 통일 대비	통일 이후
토지 문제 처리기구의 수행과제	토지정보화 작업	정책 방향 제시
	통일 이전이라도 여건이 되면 북한 진출	북한 주민의 생활 기반 보호
	통일이 되면 즉시 북한 전역에 걸쳐 하부조직 설치 가능	사유화 과정의 진행 등 부동산 시장의 형성과 보조

---

25) 북한 지역의 경우 공간을 종합적으로 다루는 기관이 바람직할 것으로 판단된다. 한편, 독일의 경우 신탁청을 통해 관리했으나 조직 운영상의 비효율성이 제기되기도 한다(김용학, 1997: 353).

획의 수립 및 집행, 토지 관련 전문 인력의 교육 및 양성 등을 담당한다. 분배된 토지의 투기적 거래를 방지하기 위해 일정 기간 공공기관을 통해서만 거래할 수 있도록 하는 규제 방안이 필요하며 이는 관리기구의 역할 중 하나다.

(6) 토지투기 방지방안의 마련과 시행

남한 지역에서 성행했던 부동산투기가 북한으로 확산되는 것을 방지하기 위해 일정 기간 동안은 매수 자격을 북한 지역에 거주한 자에 한하고, 사유화 및 연고권에 의해 매입된 토지는 일정 기간이 지나기까지 전담 관련 기구를 통해 매각한다. 그렇지 않으면 남북한 주민 간의 경제력 격차가 커지기 때문에 축적자산이 부족한 북한 주민보다는 남한의 경제력이 있는 사람들에게 토지가 집중될 위험이 있다. 다만 상기와 같이 일단 매입권을 전제로 한 경작권 방안이 일종의 지분으로 자유로이 매매되어진다면 남한의 투기꾼에 의한 투기나 소유 집중이 초래될 가능성이 있는 반면 이를 불허할 경우에는 북한 주민들의 가동성 및 재산권을 저해할 수도 있다. 따라서 적절한 기준의 설정도 필요하다.

협동조합 중심의 생산단위로 구성된 북한 농업에서 과잉노동력의 해결과 통일 후 협동조합에서 이탈하는 조합원들에 대한 처리는 중요한 사안이다. 북한의 농가인구(김흥배, 2011)는 전체 인구의 36.7%를 차지하고 있으나 생산성은 이에 못 미치는 수준이기 때문에 통일 실현 시 농지개혁이 주요한 관심사로 대두될 것이다. 즉, 협소한 농작 규모로 농업인구의 대량 이탈이 예상되기 때문에 이들에게 경제적 유인을 제공하고, 효과적으로 이주를 억제하고 생산성이 제고된 영농을 하도록 정책을 펴야 할 것이다.

따라서 해당 집단농장의 구성원과 관련 기관에 소속된 농민들 가운데 농업생산에 지속적으로 종사하려는 사람에게 경작권26)을 부여하며, 북한 주민의 북한 토지, 특히 농경지에 대한 소유의 우선권은 일정 기간 내에 남한으로 이주할 경우 박탈되는 것으로 연계를 시켜야 한다.

5. 북한 지역 토지 부문 정책의 추진 방안

1) 정치적 과제의 추진

(1) 기본 방향의 정치적 선언

통일한국의 국가목표와의 조화, 소유보호와 관리보호의 함께 추진, 효율
성과 형평성의 합리적 고려, 그리고 통일비용의 최소화 등의 기본 방향을 천
명하는 정치적 선언을 시행한다. 아울러 북한 내 토지 가운데 이른바 '몰수토
지'에 대한 처리방향을 정치적으로 선언한다.

그리고 상기 정치적 선언을 뒷받침하는 입법적·행정적 조치를 추진해 국
민적 공감대 형성을 도모한다.

---

26) 농지 경작권을 분배했을 경우 매매 허용 여부와 대안은 다음과 같다.

    (1) 불허 또는 허용에 따른 문제점: 불허할 경우 북한 주민들의 가동성 극히 제한하게 되
어 비현실적이며, 허용할 경우 자금력 풍부한 남한 출신 기업 또는 개인에 의한 투기
행위 또는 소유 집중될 가능성이 크다.

    (2) 대안으로 다음을 검토해볼 수 있다. 단, 현실성과 타당성 검토가 필요하다.

    ① 범위 제한으로서, 이용 범위를 농업으로 제한한다. 즉, 농민이 아니면 농지 소유 불가
하도록 하며, 매수 자격은 집단농장, 동일 지역 거주자로 국한한다.

    ② 토지공개념 확대 적용한다. 사유화 또는 연고권에 의해 분배된 토지의 경우 일정 기간
타인 양도 불허하며, 양도할 사정이 발생할 경우 토지 관리 기구에 일단 회수 또는
다시 분배 또는 매각한다.

    한편, 남한의 경우 국가산업단지 분양 후 매각은 기본적으로 개인에게 불허하고 관리기
관에만 양도를 허용한다(산업집적화법).

〈그림 4-5〉 토지 부문의 목표 및 추진전략: 종합

목표	기본 방향	추진전략
·통일 이후 국가목표의 달성에 기여	·통일한국의 목표와 조화를 이루어야 함	·북한 지역의 토지조사 추진
·통일한국의 사회적 형평성과 경제적 효율성을 함께 도모하는 토지제도 조성	·소유보호도 중요하나 관리보호도 중요하게 고려	·토지소유 및 이용체계의 단계적 확립
·토지의 합리적 이용을 통한 경제 활성화 도모	·효율성·형평성 또는 정의에의 부합 여부를 종합적으로 검토	·토지공개념의 실질적 적용 ·관련 제도적 체계의 확립
·토지수요의 합리적 및 체계적 수용을 통한 난개발 및 토지투기의 억제	·통일비용의 최소화 고려	·중앙정부 차원의 전담기구 설치 ·토지의 투기방안 시행

(2) 몰수토지의 정치적 처리

몰수토지의 처리에는 국민적 합의와 동의가 필요하다. 즉, 정치적 해결의 필요성이 제기된다. 몰수토지를 처리하는 방향은 크게 세 가지이다.

첫째는 정치적으로 통일의 의미를 내세우며 대승적 의미에서 북한 내 원소유자의 소유 및 보상에 대한 포기 선언이다. 많은 전문가가 이를 선호[27]하고 있는 것으로 알려져 있다. 특히, 원소유자를 제외한 대부분 국민의 공감을 이끌어낼 수 있다는 장점도 있다. 그러나 이는 자유를 위해 한국으로 '탈출'한 원소유자에 대한 배려 부족이란 문제가 있으며 국가에 대한 신뢰의 문제

---

27) 일부 설문조사 결과에 따르면 적절한 보상을 하면 된다는 의견이 40.3%로써 가장 많으며, 이어 원소유자에게 반환해야 한다가 36.1%, 반환 또는 보상 불필요 18.6%, 기타 5.0% 등이다(법원행정처 사법정책연구실, 1997: 338).

구분	원소유자 소유 파기 및 보상 포기에 대한 정치적 선언	원소유자의 소유권 원상복구	적절한 보상
장점	·60년 분단과 통일의 대승적 의미 고려 ·다수의 학자 선호	·남한 헌법 기본정신 ·수복지구 사례 존재	·북한 주민의 이용권을 인정하는 동시에 원소유권에 대하여는 적절한 보상 ·북한 주민의 이용권과 원소유권자의 권리를 동시에 충족
단점	·원소유권자에 의한 위헌소송이 제기될 수 있음 ·다수를 위해 소수의 일방적인 피해를 강요한다는 반론이 제기될 수 있음	·북한당국이 예전의 등기부를 소각해 원소유권의 확인이 매우 어려움 ·북한 지역 경제 활성화에 필수적인 투자유치에 장애	·비용 소요 -3조~10조로 추정 (축소 가능)

가 제기될 수 있다.

둘째는 원상회복이다. 원상회복은 원소유자의 권리를 충복시킬 수 있고, 기존 헌법 등의 정신에 부합한다는 장점 등이 있다. 그러나 원소유권 확인이 불가능하다는 것(북한 당국의 등기부 소각 등)과 원상회복이 완료될 때까지 투자유치 등에 장애[28]가 된다는 등의 문제점이 있어 바람직하지 않다. 현행법 해석에의 지나친 매임은 벗어나야 하며 독일의 경우 원소유자 보상을 택했지만 역기능이 너무 커서 추후 조정한 바 있다.

셋째는 원토지에 대한 회복은 불가능한바 당초 소유에 대한 적절한 보상[29]이다. 남측 국민들이 분단 전에 보유했던 모든 토지소유권은 실물로 되

---

28) 독일의 경우 '분단에 기인하는 불법'에 대해서는 '재산법'을 적용, 즉 원소유권 인정하되 '체제에 기인하는 불법'에 대해서는 적용하지 않았다. 즉, 정치적·사회적 이유로 동독을 떠난 경우에만 해결에 초점을 부여한다(법원행정처, 1997: 323~324).

29) 독일의 경우 먼저 보상 규모의 적절한 산출(예를 들어 토지몰수 당시의 용도와 지가 등을 적용해 규모 산출) 한 다음 이어 보상 규모 등을 적용해 삭감률을 설정하고 이를 반

<표 4-12> 보상비용 추정과정 및 결과

과정		주요 내용
①	남한의 지가	· 공시시가: 2000조 원 · 사유지 비율: 75%로 가정(74~77%) 국공유지 비율: 23~26% · 해방(1945년) 당시 사유지 비율: 50%로 가정
②	몰수토지 보상을 위한 가정과 추정	· 북한의 GDP: 남한의 1/20로 가정 · 북한의 토지가격 총합(75% 토지): 100조 원 -해방 당시 사유지 비율이 남한(50%)과 같다고 가정하면 67조원 *100조원의 50/75
③	보상비율에 따른 보상 규모	· 보상은 가격의 일부(10%, 20%, 또는 30% 정도로 가정)만 시행 -보상비율 지가의 10%일 경우 3조 3500억 원 -보상비율 지가의 20%일 경우 6조 7000억 원 -보상비율 지가의 30%일 경우 10조 500억 원
④	보상 총규모[32]	· 3조~10조 원 정도 (30억~100억 달러 정도 소요) -10~30% 정도 보상 가정 * 원소유 확인 비율이 25% 수준이면 총규모가 1/2로 감소할 것임 * 한편, 보상하게 될 토지가 사유지(50%)의 50%(원소유 확인 가능 비율)로 가정하면 보상해야 할 토지가격은 33.5조 원에 달할 것임

돌려주지 아니하고 보상을 한다. 이러한 정책들은 토지소유권의 문제가 북측 지역의 경제발전, 나아가 향후 통일한국의 경제발전에 걸림돌[30]이 될 가능성을 원천적으로 차단하기 위함이다.

몰수토지를 처리방안[31]의 세 가지 유형의 장단점을 감안하면 '원소유자의 소유 및 보상에 관한 포기 선언'의 경우 자유를 위해 대한민국으로 탈출한 원소유자에 대한 근본적인 배려 부족이란 근본적인 문제가 있으며, '원상회복'

영, 적용해 최종적으로 보상 규모를 산정한다.

30) 상기 토지들이 소송 분쟁에 휘말리게 되면, 모든 관련 사법 절차가 전부 완료될 때까지 그 토지에 대한 투자는 사실상 성립되기 어렵게 됨으로 경제개발계획에 큰 차질을 빚게 된다. 이것은 독일의 경우에 실제로 나타났던 현상이다.

31) 통일의 방식에 따라서도 다르다.

의 경우 원소유권 확인의 불가능과 경제 활성화의 절대적 어려움 초래라는 커다란 문제가 있다. 따라서 '당초 소유에 대한 적절한 보상'이 현실적 대안이 될 수밖에 없다.

보상이란 상징적 의미의 보상 또는 실질적 의미의 보상으로 유형화할 수 있다. 실질적 의미의 보상은 천문학적 통일비용의 증가를 가져올 수 있을 뿐만 아니라 수요 확인에 대한 지나친 행정비용 등을 초래할 수 있어 바람직하지 않다. 따라서 상징적 의미의 보상 추진이 바람직하다고 판단된다.

보상비율 등 보상기준은 토지가격, 규모 등을 고려한다. 보상비율은 토지 규모 또는 보상 금액이 클수록 적으며, 작을수록 보상비율이 크도록 한다. 보상비용은 약 3조~10조 원 정도로 추정된다.

2) 입법적 과제의 추진

(1) 한반도 토지기본법[33] 제정

① 한반도 토지기본법 제정의 필요성

'한반도 토지기본법'을 제정하되 통일 전에 제정해야 한다. 한반도 토지기본법의 제정은 통일에 따른 남북토지제도의 일원화, 과거 토지재산권의 분쟁 조율, 통일 후 일정 기간 토지제도의 정착을 위해 토지에 관한 총괄적 문제 해결을 위함이다. 현재 남한은 토지에 관해 규정하고 있는 수많은 공법과 사

---

32) '3조~10조 원(30억~100억 달러) 정도 소요'는 2006년 기준이다. 한편, 대한민국(남한)의 지가 총액은 GDP의 약 4배 정도에 해당된다. 따라서 2006년 대비 2013년의 GDP 증가를 고려하면 상기(3조~10조 원)는 2013년 기준으로는 '약 4.5조~15조 원(45억~150억 달러)'에 해당될 것으로 추정되며, 이와 같은 기준으로 통일 시점에 따른 보상비용을 단순 추정할 수도 있을 것이다.

33) 또는 '통일토지기본법'.

법이 있음에도 토지의 효율적 관리, 이용이 저해되고 있다.

토지기본법이 추구하려는 국토의 효율적 이용과 관리, 공사법으로 이원화된 토지법의 상위법적 규율, 부동산투기 억제와 개발이익에 대한 환수 등 현재 남한 토지제도에 대한 모순도 감안한다.

토지기본법은 토지에 대한 국민 의식 전환과 국민적 공감대 형성, 토지 법제에 대한 기본 이념 천명의 필요성 등이 있다. 또한 사유화 인정이라는 개념이 심각한 이슈화될 것이 자명하다. 이 경우 사회주의적 이념의 심화로 인해 사유화에 대한 이념이 북한 주민에게 적용되는 데는 상당한 혼란, 시기, 갈등이 예상된다. 이러한 문제 해결을 위해서도 한반도 토지기본법 제정이 필요하다. 이러한 의미에서 한반도 토지기본법은 통일에 따른 총괄적인 문제 해결을 합리적으로 규율하고 토지 관련 여타 세부법령의 기준으로 작용하며, 통일헌법의 이념을 담는 법으로서 의미가 있다.

② 한반도 토지기본법의 성격 및 내용

한반도 토지기본법의 성격은 현재 토지에 관한 남한의 법제는 공사법의 이원적 구조로 되어 있다. 현행 남한 실정법은 토지사법은 사익만을, 토지공법은 공익만을 추구하는 일면적 규정을 두고 있다. 한반도 토지기본법은 토지사법과 토지공법의 영역을 총괄적으로 규율하는 통합법적 성격을 지녀야한다. 또 한반도 토지기본법은 헌법 이념하에 토지제도를 총괄하고, 여타 법령의 해석에 기본이 되는 상위법적 성격과 다른 법률과의 효력의 다툼에 우선하는 특별법적 성격을 갖는다. 한편 한반도 토지기본법은 통일 후 일정 기간[34] 동안만 존속하도록 한다. 이는 통일이라는 새로운 환경에 대응하고자 제정되는 한반도 토지기본법은 목적 달성이 완성되는 통일 후 일정 시점에서

---

34) 한시법적 성격.

효력을 종료하고, 개별 토지 관련 법령으로 토지제도를 규율함이 바람직하다.

한반도 토지기본법의 내용으로는 첫째, 토지제도 통합에 관한 규정이다. 한반도 토지기본법은 상이한 제도의 규율 아래 있는 남북의 토지제도를 일원화하는 법 조항을 규정해야 한다. 통일헌법이 지향하는 바와 조화되는 내용이어야 한다. 또한 북한 토지사유화에서 오는 이해관계자의 대립에 관한 문제[35] 해결을 위해 침해 토지의 개념과 범위, 처리 원칙과 방법을 한반도 토지기본법에서 제시해야 한다.

둘째, 토지관리에 관한 규정이다. 한반도 토지기본법은 통일에 따라 증대된 토지를 종합적으로 관리하는 토지관리기관의 신설을 위한 법 규정을 두어야 한다. 남한은 등기제도와 토지전산화제도가 완료되어 관리에 별 문제가 없으나, 북한 토지는 등기제도, 토지지가평가가 없으며, 토지정보화를 통한 공적 관리가 이루어지지 않고 있다. 또한 통일에 따른 증대된 토지에 대한 조사와 경계 확정, 지가평가 그리고 실체적 권리관계의 규명을 위한 기구가 필요하다. 그러므로 이를 종합적으로 추진할 수 있는 토지관리기관을 한반도 토지기본법 규정하에 두어 법적 보장을 추구해야 한다.

셋째, 토지이용에 관한 규정이다. 통일 후 상당한 토지에 대한 개발이 요구되고, 이에 따라 토지지가 상승도 예상된다. 만약 토지개발을 일정한 기준 없이 정치적·경제적 목적에 의해 운영된다면 토지가 투기 목적으로 작용되고 소유 편중화 현상이 나타나 국민의 생활 안정을 저해할 수 있다. 그러므로 통일에 따른 토지수요 충족과 국민 생활 안정을 도모하기 위해 토지이용에 관한 규정을 한반도 토지기본법에 두어야 한다.

넷째, 국토보호에 관한 규정이다. 한반도 토지기본법은 현 휴전선 부근의 일정 토지 지역, 이른바 접경 지역(김영봉·박영철, 2009 등), 자연환경보존 지

---

35) 예를 들면 특히 분단과 통일로 토지에 대한 권리 침해를 받은 자.

역과 문화재보존 지역에 대한 개발을 금지하고, 보호하는 규정을 두어야 한다. 토지는 현재 남북한 주민뿐 아니라 통일한국 미래 국민들의 생활터전이며, 특정인의 배타적 지배하에 둘 수 없는 것이므로 토지에 대한 보호 규정을 한반도 토지기본법에 설정할 필요가 있다.

3) 행정적 과제의 추진

(1) 관리전담기구의 설치

① 설치 필요성

통일이 달성될 경우 북한 지역의 국유재산은 농지, 임야 등 토지재산, 기업소와 협동공장 등의 산업재산, 도·소매상업 등의 서비스 재산, 북한 인구가 거주하는 주택과 관련된 복지시설 등일 것이다. 광범위한 국유재산 중 상당 부문은 공개념 적용의 범위 내에서 사유화가 불가피할 것이며, 국유재산의 사유화정책을 효율적으로 수행하기 위해서는 사유화를 담당할 조직 설치에 대한 검토가 선행되어야 할 것이다. 사유화를 담당할 기관은 한시적인 조직으로 북한 지역의 재산관리를 담당한다.

② 관리전담기구의 설치

관리기구의 기능은 북한 지역의 각종 생산시설과 부속토지의 관리, 국가관리하에 있는 토지의 임대차, 최종적으로는 사유화 이행 과정이다. 북한 지역이 토지와 부동산 가격의 변화를 면밀히 관찰하고 이를 기초로 부동산투기를 방지하는 역할은 관련 기관에서 수행하게 하는 것이 바람직하다. 또한 북한 주민의 토지이용권을 확보해주어야 한다. 현실적으로 이용권을 매각하고 그 자금을 개발재원으로 사용되어지는 방안이 적극적으로 검토되어야 한다.

국가재산 관리기관의 구성은 기능별, 산업별 중앙조직구조와 북한 지역의 각 도별로 업무를 담당할 지역 조직구조를 가짐이 효율적일 것이다.

(2) 분쟁조정기구의 설치

토지소유권, 이용권 배분 과정에서 발생하게 될 분쟁의 해소를 위해 분쟁 조정기구의 역할이 필요하다. 야기될 수 있는 분쟁의 소지를 최소화시켜주고 분쟁이 야기될 시에는 조속히 해결을 도모해줄 수 있는 분쟁조정기구를 설치, 운영해야 할 것이다. 통일 후 북한 지역의 지가 앙등을 억제하기 위한 투기 방지책의 마련, 원활한 토지의 이용을 위해 토지 기금과 토지은행제도의 도입 등 더욱 구체적인 방안들이 논의되어야만 할 것이다.

(3) 주택사유화 추진

주택사유화의 합리적 추진이 필요하다. 통일이 실현되었을 때 북한 주민에게 확실한 주거환경을 마련해준다는 것은 북한 주민의 남한으로의 이주를 억제하게 하는 동기를 제공해주는 것으로써 북한 지역의 주택사유화는 기업 및 토지의 사유화와 함께 적극적으로 고려해야 할 사안이다.[36]

상기를 감안할 때 북한 지역의 주택사유화 추진은 다음과 같이 검토될 수 있다. 첫째, '기초자산'으로서의 주택소유지분은 평등하게 지급하는 것을 원칙으로 한다. 둘째, 통일 시점을 기준으로 거주자에 한하여 연고자 원칙[37]에

---

36) 북한 지역 내 주택의 특성을 보면 다음과 같다. 첫째, 현재 북한의 주택 분배는 사회계층에 따라 주거 면적 및 시설이 불공평하게 분배되어 있다. 둘째, 북한 지역에 있는 기존 주택의 주택 재고가 절대적으로 부족하다. 셋째, 북한 주민은 주택 구입능력이 거의 없다(안정근, 2009: 141~149).

37) 주택 처리 문제에서는 기존의 점유자에게 소유권을 인정하고 장기저리의 융자를 통해서 구매하도록 유상분배하는 방안이 있으나, 1인당 주거 면적의 차이, 주택의 노후 정도 또는 시설의 질적 차이, 입지 조건의 차이, 주택시장이 형성되지 않은 상황에서 유상분배

근거해 주택의 임차권을 주되, 궁극적으로는 주택을 구입할 수 있도록 여건을 조성하도록 한다. 셋째, 차별적인 주거 상황을 고려해 임대료를 차별적으로 징수한다. 즉, 좋은 주택에 사는 것은 연고권이 있는 한 자유이나 임대료를 비싸게 부담하도록 하는 것이다. 이는 한편으로는 '좋지 못한 주택에 사는 경우'에는 잉여지분을 이용해 향후 좋은 주택을 구입할 수 있는 기회를 마련하게 되는 것을 의미한다. 넷째, 토지의 사유화와 마찬가지로 주거지를 이탈한 경우는 주택소유지분에 대한 권리를 박탈하도록 한다. 다섯째, 장기적으로 주택정책 당국은 남북한 주택의 양적·질적 수준에 맞게 균형화를 통한 주택서비스의 형평성을 도모하고, 주택매매시장 및 주택임대시장의 형성 등을 통해 장기적인 활성화 방안을 마련해야 한다.

(4) 장기개발계획의 수립

북한 토지의 합리적 이용, 관리, 보존을 위해 북한 토지에 대한 장기개발계획의 수립이 필요하다. 상기 개발계획에 따라 이용, 관리 등이 이루어지도록 한다. 아울러 남북한을 아우르는 장기계획을 수립한다. 개발계획에는 유형별 수요를 추정하고 공급방안의 제시가 포함되어야 한다. 예를 들어 주거용지의 경우 수요[38]를 총량적 및 지역별, 유형별로 추정하고 체계적으로 공급하는 방안이 포함한다. 이에는 기존 용지의 활용 가능성과 규모, 신규 공급의 규모 및 공급방안 등을 포함한다.

를 할 경우 가격 책정에 대한 기준이 모호한 점들이 있기 때문에 이 방안의 즉각적 실시는 비현실적이다. 이에 대한 대안으로 일단 거주자에게 임차권에 대한 일차적 권리를 부여하는 것이다.

38) 통일 후 10년간 주거용지 143km², 상업용지 16.5km², 공공용지 241.0km² 등 도시용지가 모두 416km² 소요되며 산업용지가 별도로 약 97km²를 합하면 광의의 도시용 토지는 모두 513km²에 해당된다(박형서, 2011).

한편, 산업용지39)의 경우 북한 지역에 유치될 산업의 특성 등을 바탕으로 지역별, 업종별 수요를 추정하고 공급방안을 제시해야 한다. 이에는 기존 입지의 활용 가능성과 규모를 파악하고 신규 용지의 지역별, 업종별 공급방안을 포함한다. 이를 위해서는 토지이용 등 실태조사가 선행적으로 실시되어야 한다. 이에는 공익용 토지와 사유화가 가능한 토지를 분류하는 사업도 포함한다.

6. 결론

토지 부문은 재산과 관련되는 등 현실적인 성격이 클 뿐만 아니라 민감한 주제이다. 토지 부문은 첫째, 토지는 북한에서 가용한 생산요소이며 북한 지역의 경제 활성화의 주요 요인이라는 측면, 둘째, 한편으로는 유기적 통일에 장애 요인으로 작용할 가능성이 있다는 양면성이 있다. 따라서 유기적 통일을 위해서는 북한 지역 토지 부문에 관한 합리적 통합 방안 마련과 체계적 사유화의 추진이 필요하다.

연구의 목적은 첫째, 현재 북한의 토지 실태를 파악하고 통일의 과정 또는 통일 후에 제기될 것으로 예상되는 정책 과제의 도출, 둘째, 토지 부문 통합을 위한 정책 대안의 제시이다.

연구의 범위는 첫째, 급진적인 통일의 가정, 둘째, 공간적 범위는 북한 지역에 한정하며, 셋째, 내용적 범위는 토지 중심이다.

---

39) 산업용지의 경우 순수요 74.5km², 선공급 22.4km² 등 모두 96.9km²로 추정되고 있다. 상기 수요는 평양, 남포 등 대도시 지역, 신의주 개성, 나선 등 접경 지역(남북, 북·중, 북·러), 청진, 김책, 함흥, 원산 등 기존 공업 지역 및 강계, 만포 등 균형 차원에 고려 지역 등에서 발생할 것으로 추진되고 있다(박영철, 2011).

<그림 4-6> 남북한 토지 부문 통합의 추진방안: 종합

정치적 추진 과제	입법적 추진 과제	행정적 추진 과제
1 ·기본 방향에 대한 정치적 선언	·토지제도 통합에 관한 규정	·관리전담기구의 설치
2 ·몰수토지의 처리	·토지관리에 관한 규정	·분쟁조정기구의 설치
3 ·정치적 선언을 뒷받침하는 입법적·행정적 처리 천명	·토지이용에 관한 규정	·주택사유화 추진
4 ·국민 공감대 형성 도모	·국토보호에 관한 규정	·장기개발계획의 수립

예상되는 과제를 보면 첫째, 과도기의 혼란, 둘째, 토지소유권 반환 요구에 따른 과제, 셋째, 북한 주민의 생존권 담보의 절대적 필요, 넷째, 북한 지역의 토지투기와 난개발의 가능성과 이에 대한 효과적 방지가 필요하다.

토지 부문의 목표는 첫째, 통일 이후 국가목표의 달성에의 기여, 둘째, 통일한국의 사회적 형평성과 경제적 효율성을 함께 도모하는 토지제도를 조성해 계층 간, 지역 간(남북한) 등의 형평성 확보 기여, 셋째, 토지의 합리적 이용 활성화를 통한 경제 활성화 도모, 넷째, 토지수요의 합리적 및 체계적 수용을 통해 난개발 및 토지투기 억제이다.

주요 추진전략은 첫째, 북한 지역 토지조사의 추진, 둘째, 토지소유 및 이용체계의 단계적 확립, 셋째, 토지공개념의 실질적 적용, 넷째, 관련 제도적 체계의 확립, 다섯째, 중앙정부 차원의 관리전담기구 설치, 여섯째, 토지투기 방지를 위한 방안의 마련과 시행 등이다.

토지 부문 정책의 추진방안은 크게 정치적 과제, 입법적 과제, 행정적 과제로 대별할 수 있다. 정치적 과제의 추진으로는 첫째, 정치적 선언의 시행, 둘째, 북한 내 토지 가운데 이른바 '몰수토지'에 대한 처리 방향의 정치적 선언, 셋째, 상기 정치적 선언을 뒷받침하는 입법적·행정적 조치를 추진하는 것이다. 몰수토지를 처리하는 방향은 당초 소유에 대한 적절한 보상이 현실적 대안이 될 수밖에 없다. 보상비용은 약 3조~10조 원 정도로 추정된다.

입법적 과제의 추진의 핵심은 '한반도 토지기본법' 제정이다. 특히 한반도 토지기본법을 제정하되 통일 전에 제정해야 한다. 한반도 토지기본법의 내용으로는 첫째, 토지제도 통합, 둘째, 토지관리, 셋째, 토지이용, 넷째, 국토보호에 관한 규정 등이다. 행정적 과제의 추진으로는 첫째, 관리전담기구의 설치, 둘째, 분쟁조정기구의 설치, 셋째, 주택사유화 추진, 넷째, 장기개발계획의 수립 등이다.

참고문헌

김상욱. 2007. 「북한의 토지자원 및 관리체계 고찰」. ≪통일과 국토≫, 제18호, 39~51쪽. 한국토지공사.

김성욱. 2008. 「월북자와 월남자의 토지소유권 회복문제」. ≪통일연구논총≫, 제17권 1호, 211~233쪽. 통일연구원.

김영윤. 1997. 「통일 후 북한 토지소유제도 개편의 정책적 과제」. ≪북한≫, 312 (1997. 12), 144~155쪽.

김용학. 1997. 「통일 후 북한의 재산권 확립방안」. ≪통일과 토지정책≫, 343~366쪽. 한국토지공사,

김홍배. 2011. 『통일후 북한지역의 인구추정(안)』. 한반도발전연구원(mimeo).

박영철. 2008. 「토지부문의 통합정책과 과제」. 『남북한 경제통합: 전략과 과제』. 제11회 한반도 평화포럼(2008.9.19), 45~76쪽. 한반도평화연구원.

_____. 2011. 『통일후 북한지역의 산업입지 수요추정(안)』. 한반도발전연구원(mimeo).

_____. 2012. 『대한민국의 산업입지: 빈곤탈피와 성장을 넘어 새로운 도약을 위하여』. 제일에듀케이션.

김영봉·박영철. 2009. 「남북한 접경지역 발전전략」. 『한반도 접경지역 어떻게 발전시킬 것인가』. 한반도발전연구원 창립 세미나(2009.11.24), 1~42쪽. 한반도발전연구원.

박형서. 2011. 「북한지역 토지의 계획적 이용」. 한반도발전연구원(mimeo).

법원행정처 사법정책연구실. 1997. 「북한의 부동산 제도」. ≪치안문제≫, 184권.

안정근. 2009. 「북한의 주택 및 산업현황과 과제」. 대한토목학회. 『북한의 도시 및 지역개발』. 서울: 보성각, 137~160쪽.

엄수원. 2002. 「통일한반도 북한의 국토정책 및 토지제도」. 한국토지공사.

양운철. 2009. 「북한의 미래와 남북한 경제통합」. 『남북한 경제통합 어떻게 준비할 것인가』. 제20회 한반도평화포럼 자료집(2009.2). 한반도평화연구원(mimeo).

이진욱. 1997. 「통일 후 북한의 토지정책」. ≪통일과 토지정책≫, 11(1997.11), 331~342쪽. 한국토지공사.

이태교. 2006. 『토지정책론』. 법문사

임강택 외. 2007. 「개성공업지구 단계별 관리운영계획」. 개성공업지구관리위원회·통일연구원.

채미옥. 2009. 「북한의 토지현황과 과제」. 대한토목학회. 『북한의 도시 및 지역개발』. 서울: 보성각, 321~349쪽.

최상철·이영성. 1998. 「통일 후 북한지역에서의 토지소유 및 이용에 관한 연구」. ≪지역연구≫, 제14권 제2호. 한국지역학회.

최철호. 2009. 「통일과 북한지역의 토지정책」. ≪토지공법연구≫, 제43집 제3호, 151~175쪽. 한국토지공법학회.

허문영 외. 2009. 『통일대비 북한토지제도 개편방향 연구』. 서울: 통일연구원.

한국감정원. 1996. 「통일 후 북한의 토지문제에 관한 연구」.

한국산업단지공단. 2011. 『산업입지 요람』. 서울: 한국산업단지공단 산업입지연구소.

한국토지공사. 1997. 「통일과 토지정책: 북한토지연구논문 모음집」.

_____. 2000. 「통일 대비한 북한지역의 효율적 토지관리 방안에 관한 연구」.

Noland, Marcus. 1998. *Economic Integration of the Korean Peninsula*. Washington, D.C.: Institute for International Economics.

_____. 2003. *Industrial Policy in an Era of Globalization: Lessons from Asia*. Washington, D.C.: Institute for International Economics.

제5장

남북 경제통합과 북한 인프라 개발의 과제

이상준 | 국토연구원 한반도·동북아연구센터장

1. 서론

인프라(infrastructure)는 경제활동에서 가장 기초적인 물적 토대, 즉 의식주를 위한 활동의 토대가 되는 중요한 영역이다. 북한의 경제 문제를 논의할 때, 제일 먼저 제기되는 과제가 식량 문제와 더불어 에너지 문제이다. 북한 경제에서 주민들의 기본적인 의식주를 뒷받침하기 위한 인프라는 매우 취약하다.

우리가 지향하는 남북 경제통합을 위해서는 경제통합의 기본 토대라고 할 수 있는 인프라 간 연계와 통합이 중요하다. 이러한 측면에서 남북협력의 발전 단계별로 이에 맞는 북한 인프라 개발과 남북 간 연계가 추진되어야 한다. 중국, 베트남, 폴란드, 체코 등 아시아와 중동부 유럽의 체제전환국들도 경제발전의 단계에 따라 인프라 부문의 개발을 이루었다.

북한은 낙후된 인프라의 양적·질적 수준을 높이는 문제와 더불어 경제체제의 변화에 걸맞은 인프라 개발이라는 과제를 추가로 안고 있다. 체제전환은 사회주의 체제에서 인위적으로 성장이 유도·유지되었던 산업의 쇠퇴, 혹은 인위적으로 성장이 억제되었던 산업의 성장에 의해 산업구조의 변화를 맞는다. 이와 같은 산업구조의 변화는 인프라 구조에도 변화를 가져온다.

과거 북한처럼 공업화를 이룩했던 중동부 유럽의 체제전환국들은 산업구조의 중심이 중공업에서 경공업과 서비스업으로 변함에 따라 사회주의 체제에서 미약했던 도로 교통, 해운 및 항공 물류, 국내외 통신 등에서 수요가 증대했다. 이것이 인프라 변화의 대표적 사례라고 할 수 있다. 향후 남북 경제통합이 단계적으로 진행될 경우 이에 따라 인프라 부문의 개발 수요에서도 양적·질적 변화가 예상된다.

따라서 남북 간 경제통합이 진행되는 과정에서 나타날 인프라 부문의 개발 과제를 전망하고 이에 대한 정책적 대응 방안을 모색하는 것이 남북 경제통합의 기반을 강화하는 데도 도움이 될 것이다. 북한의 인프라 개발 과제를 살펴보기에 앞서서 통일을 전후한 독일의 사례를 살펴보는 것도 좋다. 동서독 간 인프라 협력과 통일 이후의 개발 과정이 향후 남북 경제통합 과정에서 제기될 인프라 개발 과제를 도출하는 데 시사하는 바가 클 것이기 때문이다.

2. 통일을 전후한 독일의 인프라 개발 사례

현재 북한의 인프라 실태는 통일 이전의 동독과 단순 비교하기가 힘들 만큼 취약하다. 통일 이전의 동독 경제는 위기상황이었을지언정 현재 북한처럼 인프라가 붕괴한 수준은 아니었다. 이 때문에 독일 사례가 직접적으로 남북한에 적합한지는 논란의 여지가 있다. 그럼에도 사회주의 국가와 시장경제 국가가 하나의 체제 아래 통합된 사례로서 우리에게 주는 간접적 시사점이 있을 것이다. 통일 이전과 이후 동서독이 어떤 인프라 협력과 개발을 했는지 간략히 살펴보자.

통일 이전 동서독 간 국경(1393km)에는 철도 40개, 고속도로와 국도 30개, 지방도로 140개 등이 양 지역을 연결했다. 그러나 동독에서 정치적 이유로 이 중 통과도로 10개(고속도로 4개, 국도 6개), 통과철도 8개, 내륙운하 2개, 항공로 3개만을 서독이 이용할 수 있도록 허용했다.

동서독 분단 후 양 지역 간 육로 수송망은 서독과 서베를린을 연결하는 통행로 확보 차원에서 유지되었다. 1971년 12월 17일 육로·철도 및 수로를 이용하는 서독과 서베를린 간 교통협정인 '동서독 정부 간 서독과 서베를린 간 민간인과 재화의 통과에 관한 협정(Transitabkommen)'이 체결되었다. 같은 해 12월 20일에는 서베를린 시와 동독 정부 간에 서베를린 주민의 동독 방문을 수월하게 하는 협정이 체결되었다.

1972년 '양국의 인적·물적 통행 전반에 관한 조약(Vertrag zwischen der BRD und der DDR ueber Fragen des Verkehrs, 약칭 교통조약)'이 체결되었는데, 이것은 동서독 간 통행을 보장하는 기본 제도가 되었다. 동서독 간 육로 수송체계를 구축하기 위한 서독 정부의 지원은 통행 일괄금 지불 및 조세 지원, 교통로 건설 및 유지·보수비용 지불 등을 통해 이루어졌다. 1980년 서독 정부가 베를린과 함부르크 간 고속도로 보수를 위해 총 12억 마르크를 지원한 데는 구동독에 있던 베를린과의 연결로 확보라는 명분이 있었다.

이 사례가 시사하는 바는, 한국도 북한에 개발될 경제특구와의 연결을 명분으로 교통 인프라 개발지원을 추진할 수 있다는 것이다. 통일 이전까지 동독에 대해 이루어진 서독 정부의 재정지원 143억 마르크(약 7조 1500억 원)의 80% 이상이 교통 부문에 투입되었다는 사실(최연혜, 2010)은 현 단계에서 남북 간 인프라협력이 어떤 방향으로 추진되어야 할 것인지를 보여준다.

통일 이후 독일 연방정부는 '통일교통프로젝트' 등 동독 지역[1] 인프라를 개발하기 위해 대규모 투자를 실시했다. 구동서독을 연결하는 철도, 도로, 내

<표 5-1> 통일 후 동서독 간 인프라 격차 축소

구분	동독 지역		서독 지역	
	1989년	2007년	1989년	2007년
인구(천 명)	15,150	13,140	62,063	67,028
면적(km²)	108,588	108,858	248,252	248,257
인구밀도(인/km²)	140	121	250	270
전체 취업자 수(만 명)	974.7	574.1	2,763.5	3,242.3
1인당 GDP	5,840(달러)/7,330(유로, 1991)	21,294(유로)	19,283(달러)/22,030(유로, 1991)	31,330(유로)
1인당 주거면적(m²)	27.6	38.6(2006)	37.2	44.0(2006)
하수정화시설 공급 비율(%)	58.2	84.0(2004)	96.9	97.0(2004)
국토면적당 총고속도로 연장 (km/km²)	0.02	0.03	0.04	0.04
국토면적당 총철도 연장(km/km²)	0.13	0.10(2005)	0.12	0.11(2005)
철도의 전철화율(%)	26	51	40	53

자료: 이상준(2010).

류수운, 항공망에 대한 투자 외에, 동독 지역의 통신망 현대화를 위한 투자도 이루어졌다. 통일 후 동독 지역의 인프라 가운데 가장 빠르게 현대화한 부문은 통신이었다. 광통신망을 기반으로 한 통신망 현대화로 동서독 지역 간 통신 인프라 격차가 빨리 축소되었다. 또한 주택 보급의 확대와 도로망의 확대, 철도 현대화도 양 지역 간 인프라 격차 축소에 기여했다.

하지만 통일 후 도로와 철도 등 교통 부문의 건설은 당초 계획의 70% 내외 수준을 달성했을 뿐이다. 물론 이것은 당초 계획 목표가 과다했기 때문일 수도 있지만, 교통 부문의 인프라 개발이 그만큼 장기간에 걸친 과제임을 시사

---

1) 일반적으로 통일 이후 구동독을 지칭하는 용어로 '신연방주' 등이 사용되고 있으나 이 글에서는 이해를 돕기 위해 '신연방주' 대신 '동독 지역'이라는 용어를 쓴다. 이것은 통일독일 영토 안의 구동독을 의미한다.

한다. 한국이 북한 내 도로망과 철도망 현대화에 지금부터 본격적으로 착수한다고 해도 20년 이상 기간이 소요될 수밖에 없을 것으로 예상된다.

3. 북한 인프라 실태와 개발 과제

1) 북한의 인프라 관련 주요 선행연구 결과

북한의 인프라 실태나 인프라 개발 과제에 대해서는 그동안 많은 연구가 진행되어왔다. 관련 연구들의 주요 결과를 종합해보면, 에너지와 교통 부문을 중심으로 한 인프라 개발이 우선 이루어질 필요가 있는 것으로 나타났다. 김경석(2000)의 연구에 따르면, 통일 후 혹은 통일 전이라도 교류가 활성화할 경우 추진될 필요가 있는 남북협력 사업 17개를 제시했는데, 여기에 도로 5개, 철도 2개, 항만 2개, 공항 4개, 유통단지 4개 사업이 포함되었다.[2]

이상준 외(2008) 연구에서는 북한 지역의 인프라 개발 관련 주요 과제들의 우선순위를 제시한 바 있다. 이 연구에서는 중단기적으로 나진-하산, 훈춘 도로 개보수, 나진-하산 철도 개보수, 남포항 확장 및 시설 현대화, 나진항 확장 및 시설 현대화, 블라디보스토크-청진 송전망 구축, 단둥-신의주 송전망 구축 등이 먼저 추진될 필요가 있는 것으로 나타났다.

하지만 여전히 북한 인프라 실태에 대한 연구와 분석이 충분하지 못한 한계도 있다. 2007년 남북정상회담 직후 남북이 공동으로 북한의 철도와 도로 실태를 파악하기 위해 나섰지만 국지적인 조사에 그치고 말았다. 에너지 부

---

2) 이들 17개 사업에 소요될 비용은 약 15조 원으로 예상되며, 부문별로는 도로(49.6%)와 철도(47.8%)가 대부분이고, 항만은 0.8%, 공항은 0.3%, 유통단지는 1.53%를 차지했다 (김경석, 2000; 이상준 외, 2005: 8).

<표 5-2> 북한 개발에 대한 전문가 설문조사 결과

(단위: 개)

구분		중단기			장기		
상황 설정		비핵화 단계 및 개방화 단계 핵폐기 2, 3단계 이행: '비핵·개방·3000 구상' 준비 및 가동 착수			핵폐기 이후 단계: '비핵·개방·3000 구상' 본격 가동		
항목		1순위	2순위	3순위	1순위	2순위	3순위
① 기반시설 건설	철도, 도로 개보수	24(49%)	10(20.4%)	3(6.1%)	6(12.2%)	2(4.1%)	1(2.0%)
	철도, 도로 복선 현대화	-	1(2.0%)	-	14(28.6%)	2(4.1%)	2(4.1%)
	항만시설 개보수	1(2.0%)	4(8.2%)	2(4.1%)	4(8.2%)	2(4.1%)	2(4.1%)
	대규모 항만 개발	-	-	-	1(2.0%)	1(2.0%)	-
	발전소 개보수	5(10.2%)	6(12.2%)	3(6.1%)	2(4.1%)	4(8.2%)	1(2.0%)
	발전소 신설 및 송전망 건설	-	1(2.0%)	2(4.1%)	8(16.39%)	12(24.5%)	2(4.1%)
	정유시설 개발	-	-	-	1(2.0%)	-	2(4.1%)
	통신망 구축	1(2.0%)	4(8.2%)	3(6.1%)	-	2(4.1%)	2(4.1%)
② 산업단지 건설	개성공단 2단계 개발	11(22.4%)	10(20.4%)	13(26.5%)	-	3(6.1%)	2(4.1%)
	해주경제특구 개발	-	1(2.0%)	2(4.1%)	5(10.2%)	6(12.2%)	4(8.2%)
	신의주특구 개발	-	3(6.1%)	0	1(2.0%)	1(2.0%)	2(4.1%)
	나선특구 개발	-	-	-	-	-	1(2.0%)
	남포특구 개발	-	-	1(2.0%)	5(10.2%)	6(12.2%)	4(8.2%)
	원산특구 개발 (조선소 등)	-	-	1(2.0%)	-	3(6.1%)	4(8.2%)
③ 환경 및 자원 관리	산림녹화	2(4.1%)	3(6.1%)	1(2.0%)	-	1(2.0%)	-
	홍수 대비 및 하천 정비	1(2.0%)	-	4(8.2%)	-	-	1(2.0%)
	간석지 개발	-	1(2.0%)	-	-	-	-
	골재 개발	-	-	-	-	-	-
	지하자원 개발	1(2.0%)	2(4.1%)	3(6.1%)	1(2.0%)	2(4.1%)	4(8.2%)
④ 주거환경 개선	기존 시가지 주택 개보수	-	-	1(2.0%)	-	-	5(10.2%)
	신도시 개발	-	-	-	-	1(2.0%)	1(2.0%)
	경제특구 내 주거지 건설	-	-	-	-	1(2.0%)	3(6.1%)
⑤ 관광개발	백두산 관광	1(2.0%)	1(2.0%)	7(14.3%)	1(2.0%)	-	2(4.1%)
	평양 등 북한 내 관광지 개발	2(4.1%)	2(4.1%)	3(6.1%)	-	-	1(2.0%)
	중국·러시아·북한 연계 관광	-	-	-	-	-	3(6.1%)
합계		49(100%)	49(100%)	49(100%)	49(100%)	49(100%)	49(100%)

자료: 이상준 외(2008).

문 실태도 외국 NGO 등을 통한 간접적 경로로 일부 알려진 수준이다. 이 같은 실정은 북한 인프라 실태를 정확히 진단하는 데 근본적 한계가 있음을 보여준다. 북한 인프라 관련 연구도 이러한 한계를 넘어서지 못하고 있다.

2) 남북 간 인프라 격차

제한된 범위에서나마 진행된 북한의 인프라 관련 연구 결과를 종합해볼 때, 북한의 인프라는 양적·질적 측면에서 한국의 1970~1980년대 수준인 것으로 판단된다. 심각한 것은 인프라의 낙후 정도가 시간이 흐를수록 더욱 심해지고 있다는 점이다. 도로의 경우 도로 연장은 남한의 1/4 수준이며, 포장

〈표 5-3〉 남북 간 국토교통 인프라 비교

구분	남한(A)				북한(B)				비교(A/B)
인구(천 명)	50,220				24,545				2.0
면적(km²)	100,266				123,138				0.8
인구밀도(인/km²)	500.9				199.3				2.5
도시화율(%)	90.5				60.6				-
1인당 GNI (남한, 만 원)	2,870				138				20.8
항만하역능력 (천 톤)	1,063,669				37,000				28.7
철도 총연장(km)	3,590				5,299				0.7
도로 총연장(km)	106,414				26,114				4.1
고속도로 연장(km)	4,111				727				5.7
발전량(억 kWh)	구분				구분				23.4
	총량	수력	화력	원자력	총량	수력	화력	원자력	
	5,171	85	3,586	1,500	221	139	82	-	
유선전화(천 회선)	30,100				1,180				25.5

주: 1) 통계청에서 발간한 『북한의 주요통계지표』(2014)를 기본으로 작성함.
　　2) 유선전화의 경우 남한은 2012년도, 북한은 2011년도 기준의 *CIA World Factbook* 자료임.
자료: 통계청(2014).

률은 8~10% 수준이다. 철도의 경우 총연장은 남한의 1.6배이나 노후가 심하고, 98%가 단선이기 때문에 실질적으로는 화물운송능력이 매우 취약한 상태인 것으로 판단된다. 북한 주요 철도 노선의 표정속도는 평균 20~60km/h로 매우 낮은 수준이고 국제 철도망으로서의 경쟁력을 갖추기 어려운 실정이다. 대표적 간선 철도인 경의선의 표정속도는 60km/h 수준이다.[3]

항만의 경우 하역능력은 남한의 1/23 수준이며, 항만시설의 노후화로 시설 활용도가 20~50% 수준이다. 공항은 총 33개이지만 민항기를 활용할 수 있는 공항은 극히 제한적이다. 전력 부문의 경우 지형 여건상 수력·화력 발전 자원이 풍부하나 발전 설비용량은 남한의 11% 수준이다.

3) 북한의 관련 정책 동향

북한 인프라 개발의 일차 주체는 북한 당국이다. 따라서 향후 북한 인프라 개발은 북한 당국의 정책 기조에 좌우될 수밖에 없다. 여러 가지 상황을 종합해볼 때, 향후 북한 당국은 체제유지를 위한 인프라 개발을 최우선적으로 추진할 것이다. 이러한 측면에서 체제유지에 필수적인 에너지(전력, 석탄), 수송 부문의 재건에 정책 우선순위를 둘 것으로 예상된다. 특히 석유와 전력생산 등의 에너지원 확보는 가장 중요한 정책 과제로 다룰 것이다.

북한의 에너지 개발과 관련해 피터 헤이스(Peter Hayes)와 데이비드 폰 히펠(David von Hippel)은 전력, 중유, 광산 복구 등과 같은 정책적 우선순위를

---

3) 북한과 러시아의 합동조사 결과 두만강-청진-함흥-원산-세포-평산-개성 구간(972km)에서는 견인중량 750~2000톤 화물열차 견인 시 구간 운전속도가 17.5km/h로 조사되었고, 2007년 12월 남북한이 공동으로 실시한 개성-신의주 간 현지조사 결과, 경의선 북측 구간은 1일 왕복 10회 내외, 50km/h 이하로 운행 중이며, 시설 수준은 낙후된 것으로 확인되었다.

제시한 바 있다.[4] 선행연구들과 각종 언론보도 등을 종합해볼 때, 북한이 한국과 국제사회에 요청하고 있는 인프라 부문의 협력 과제들은 전력시설·철도 및 도로·항만시설 개보수 등으로 요약할 수 있다. 북한은 체제안정이 일정 수준에 도달했다고 판단할 경우 선별적으로 외자유치와 관련된 인프라 개발을 추진할 것이다.

그러나 이 경우에도 자체 재원을 동원하기보다는 체제유지에 위협이 되지 않는 수준과 범위 내에서 외자를 유치해 인프라를 개발하고자 할 가능성이 높다. 이러한 소극적 정책 기조가 이어진다면 사업의 취약한 경제성 때문에 효과적인 개발이 추진되기는 어려울 것이다.

4. 북한 인프라 개발의 기본 방향

여기에서는 북한 경제의 회생과 남북 경제통합 기반의 강화 측면에서 향후 북한 인프라 개발의 방향을 몇 가지 제시한다. 물론 이것은 북한의 개혁·개방을 전제로 한다. 기본적으로 북한 당국이 선택해야 할 정책 방향을 다루고 있으나 한국 정부도 이와 같은 정책 방향을 고려해 남북협력을 추진할 필요가 있다.

1) 생산 정상화와 산업구조 전환을 지원할 '현대화 인프라' 개발의 추진

북한의 인프라 개발에서 가장 시급한 것은 식량, 의료 등 기본적인 생활보

---

4) 1순위는 경수로(지역 송전망 포함), 2순위는 중유, 3순위는 석탄 광산 복구, 4순위는 광산 인프라 복구, 5순위는 '현대적' 에너지, 기술(소규모 연안 도시 LPG 터미널, 풍력 발전), 6순위는 기술 훈련 등이다(Hayes and Hippel, 2007).

장을 지원하기 위한 인프라 확보이다. 외부로부터 인도적 지원 물자가 원활하게 운송될 수 있는 항만 및 도로 수송 인프라의 확보가 이러한 측면에서 매우 중요한 의미가 있다. 수송 인프라 작동에 필요한 최소한의 동력 원인 전력을 확보하는 것도 선결 과제이다. 이처럼 생산의 정상화를 지원하기 위한 기초 전력과 수송 수단을 우선 확보한 후 본격적으로 산업구조 전환과 관련된 인프라 개발을 추진해야 한다.

북한 경제에서 이루어지는 점진적 개혁·개방은 인프라가 계획경제 강화에 복무하는 것이 아니라 시장경제 활성화의 기반으로서 기능한다는 의미이다. 여기에서 '현대화 인프라'는 '세계적 조류에 맞는 인프라'를 가르킨다. 이를 위해서는 인프라가 사회주의 계획경제의 기반을 강화하기 위한 수단이 아니라 시장화 등 개혁·개방의 토대라는 북한 당국의 인식 전환이 필요하다. 사회주의 체제를 유지하려는 인식에 근본적인 변화가 있지 않고서는 인프라 개발이 성과를 거두기 어렵기 때문이다. 북한 인프라와 관련된 남북협력 역시 인도적 협력과는 근본적으로 차이가 있음을 남북한 모두 분명히 인식할 필요가 있다.

또한 북한의 인프라 개발은 비효율적인 중공업 지원 시설의 전면 재정비 외에 기존 군수산업 부문의 재정비를 전제로 추진되어야 하며, 수출경공업·서비스업 부문 등 새로운 성장산업의 발전과 연관된 인프라 공급체계를 구축해야 한다. 한마디로 요약하자면 산업구조와 산업입지의 재편을 전제로 새로운 에너지 및 수송체계를 구축해야 한다는 것이다. 이것이 바로 이 글에서 제시한 생산 정상화와 산업구조 전환을 지원할 '현대화 인프라' 개발의 요체라고 할 수 있다.

2) 북한 인프라 개발과 남북 경제협력 활성화의 선순환구조 구축

지금까지 진행된 북한의 인프라 개발 관련 논의는 단발성 사업에 국한되고 있다. 그러나 북한의 인프라 문제는 단발성 사업을 통한 국지적 개선만으로는 해결할 수 없고, 좀 더 구조적인 접근이 필요하다. 따라서 핵심 인프라 부문의 기능 정상화를 통해 교역 및 투자 여건을 개선하고, 이를 기반으로 남북 경제협력 활성화를 도모하는 선순환구조 구축 유도책을 추진해야 한다. '인프라 여건 개선 → 남북 경제협력의 투자 및 교역 여건 개선 → 경제협력 활성화 → 인프라 재투자 → 남북 경제협력의 투자 및 교역 확대'로 이어지는 선순환구조를 구축할 필요가 있는 것이다. 이런 측면에서 지하광물자원 개발이나 특구 개발과 관련된 발전소, 항만 및 배후 수송망의 현대화를 우선 추진해야 한다.

북한의 인프라 개발은 남북 경제통합에 기여할 수 있도록 남북 경제협력 발전 단계에 맞게 점진적으로 추진하는 것이 남북 모두에게 도움이 될 것이다. 이러한 측면에서 '위탁 가공 → 투자 확대 → 전면적 자유교역'의 남북 경제협력 발전 단계에 따라 관련 인프라 협력을 단계적으로 확대해갈 필요가 있다.

남북 간 인프라 격차는 점진적으로 해소해야만 부작용을 최소화할 수 있다. 남북 간 인프라 격차를 해소하려면 '완전 해소'가 아니라 '관리 가능한 수준의 격차'로 축소해야 현실적 목표를 이룰 수 있다. 이러한 측면에서 소규모 국지적 협력으로부터 대규모 광역적 협력으로 인프라 협력을 확대하되, 북한의 개혁·개방이 진행되는 속도와 수준에 맞게 협력을 추진해가야 한다.

3) 협력효과가 큰 부문과 지역을 대상으로 전략적 인프라 개발을 추진

보통 인프라 개발에는 대규모 자금이 소요되는 경우가 많기 때문에 투자 효율성이 무엇보다도 중요하다. 따라서 단기적으로는 북한 경제 회생을 위한 핵심 부문과 지역의 인프라를 개발하는 데 역량을 집중할 필요가 있다. 경제를 회생시키는 데 파급효과가 가장 큰 부문과 지역의 인프라 개발을 우선 추진한다는 측면에서 주요 항만을 중심으로 투자 우선순위를 설정해야 한다. 산업생산과 관련된 원료 및 인도적 구호물자를 수송하고 배분하는 데 필요한 핵심 수단과 지역의 인프라를 개선하기 위해 항만 인프라를 개발하는 것은 중요하다.

부문별로 살펴볼 때 상대적으로 비용이 적게 들면서도 북한 내 파급효과가 큰 소규모 전력 및 교통 부문의 개보수 사업을 먼저 추진해야 한다. 지역을 꼽는다면 주요 항만인 서해안 남포항, 동해안 나진항·원산항·청진항에서 항만과 배후 교통시설, 발전소시설 개보수에 나서야 한다.[5]

본격적으로 경제재건과 인프라 현대화를 추진한다면 투자 효율성을 중시해야 할 것이다. 북한의 서해안권과 동해안권을 통과하는 경의선과 동해선 가운데 경제적 효과가 상대적으로 큰 경의선의 현대화를 서둘러야 한다. 이와 관련된 연구에서, 경의선 연결 및 현대화로 인한 북한 내 부가가치 증가 효과는 동해선보다 10배 높은 것으로 나타났다(이상준 외, 2005: 128).

---

5) 남포항, 원산항, 청진항 인프라 개발에 따른 경제적 파급효과 비교에 따르면, 남포항 인프라 개발이 가장 효과가 큰 것으로 나타났으며, 개발비용은 청진이 가장 높은 것으로 추정되었다(이상준 외, 2003: 217).

4) 장기적인 한반도 발전 구도에 부합하는 단계적 인프라 개발을 추진

지금까지 논의되고 추진된 북한의 인프라 개발은 장기적인 구도 아래 이루어지기보다는 북한 당국의 일방적 판단에 따라 진행된 게 사실이다. 2007년 남북정상회담에서 합의된 인프라 개발 관련 의제들도 장기적인 한반도 발전 구도 논의를 통해 도출된 것이 아니다. 향후 북한의 인프라 개발은 남북 경제의 단계적 통합과 남북 경제공동체 구축 등 한반도의 장기적인 발전 구도에서 추진될 필요가 있다.

단계별로 추진될 인프라 개발이 장기적인 한반도 발전 구도와 합치되지 않는다면 나중에 이것을 재조정하는 과정에서 많은 비용을 초래할 가능성이 높다. 장기적인 발전 구도와 인프라 개발 사업이 일관성을 갖출 때 인프라 개발협력의 성과가 담보될 수 있다. 이러한 측면에서 장기적인 한반도 발전 구도에 맞는 남북 간 인프라 협력은 매우 중요한 과제이다.

전체적인 한반도 발전축으로는 서해안축과 동해안축을 따라 산업단지, 수송, 에너지 인프라가 연계되는 통합적 인프라 개발축(integrated infrastructure corridor)을 고려할 수 있다. 서해안에서는 목포-인천-개성-남포-신의주를 연결하는 수송 인프라가 중국의 단둥, 선양, 하얼빈까지 확장될 수 있고, 동해안에서는 부산-동해-속초-금강산-원산-청진-나선을 연결하는 수송 인프라가 러시아의 블라디보스토크, 하바롭스크까지 이어질 수 있다.

중국과 마주한 서해안축은 첨단산업 협력축으로, 일본과 극동 러시아 지역과 마주한 동해안축은 환경·에너지 협력축으로 육성하는 발전 방향도 고려할 필요가 있다. 이러한 방향은 한국 정부가 2010년 말 확정한 동·서해안권 발전종합계획에도 반영되어 있다. 이와 같은 발전축과 발전 방향을 중심으로 남북 간 인프라 협력을 단계적으로 확대해나가야 한다.

5) 합리적 인프라 개발을 위한 재원 및 인력 확보

지금까지 북한의 인프라 개발이 제대로 이루어지지 못한 가장 큰 원인은 북한의 핵개발 등 안보 요인이다. 하지만 이보다 더 근본적인 원인은 북한의 폐쇄적인 경제정책과 재원 부족이라고 할 수 있다. 북한의 경제위기가 본격화한 1990년 이후 지난 20년간 북한 인프라 수준은 한국의 1970년대에 머물러 있다. 한국이 적극적인 수출 중심 경제정책을 통해 인프라를 현대화한 것에 반해 북한에는 별다른 정책 변화가 없었다.

비록 북한이 나진-선봉 경제특구 개발 등을 통해 인프라 개발을 위한 외국자본 투자유치 노력을 보이는 듯했지만, 정책의 투명성과 일관성 부족으로 국제사회의 관심을 끌지 못했다. 자금을 유치하기 위한 준비가 제대로 안 된 것이다. 향후 북한의 인프라 개발 시 재원을 조달하기 위해서는 좀 더 근본적인 대책이 마련되어야 할 것이다. 남북 간 인프라 격차를 감안할 때 북한의 인프라를 개발하기 위해서는 대규모 투자가 필수이다. 구동독 개발의 투자재원을 대부분 내부에서 조달한 독일과 달리 한국은 소요재원의 상당 부분을 국제사회로부터 조달할 수밖에 없으리라 예상한다.

통일된 지 20년이 지난 독일에서 구동독 지역의 경제수준이 구서독 지역의 70% 수준에 머물고 있음을 감안할 때, 북한의 인프라를 한국과 동일한 수준으로 향상시키기란 상당 기간이 지나도록 어려울 것이다. 따라서 한국과 동일한 수준은 아니더라도 일정 수준까지 끌어올리기 위해 필요한 재원을 공공 및 민간 부문별로 나누어 조달할 수 있는 방안을 지금부터 모색해야 한다.

또한 인프라 개발과 안정적 운영을 담보할 국제기준의 제도와 기술인력을 확보해야 한다. 인프라 개발과 관련한 외자유치를 원활하게 진행하려면 반드시 제도와 인력 공급이 뒷받침되어야 한다.

6) 북한 경제의 개혁·개방, 산업구조 전환을 뒷받침하는 통합적 인프라 개발을 추진

북한의 인프라 개발은 북한 경제의 개혁·개방, 산업구조 전환이라는 거시적·구조적 관점에서 이루어져야 한다. 개혁·개방이 확대되고 산업구조의 변화가 본격적으로 나타나는 시기에는 '새로운 성장산업'을 뒷받침하기 위한 인프라 개발이 추진되어야 한다. 경공업과 서비스산업의 확대에 의한 물류 수요 증가와 이에 따른 도로망 확충, 외국 기업의 북한 내 진출 확대에 의한 국제통신망 확충, 에너지 공급체계 재편에 따른 에너지 공급망 건설 등이 진행되어야 한다. 개혁·개방이 추진될 경우 기존의 '자급자족형', '중공업 우선 소비·서비스 경시형' 산업구조가 '수출주도형', '경공업 우선 소비·서비스 중심형' 산업구조로 전환되리라 예상되는바, 이를 뒷받침할 수 있는 인프라 개발이 전략적으로 추진되어야 한다.

북한의 인프라 개발에서는 개별 과제 차원의 접근보다 '통합적 접근(integrated approach)'에 기초한 추진체계를 구축하는 것이 중요하다. 북한의 인프라 개발은 저개발국가의 경제개발, 체제전환, 통일이라는 중층적·복합적 과제들과 함께 해결되어야 하기 때문이다. 또한 인프라 개발은 특성상 대규모 투자가 요구되는 부문이므로 투자 효율성 측면에서 사업 간 연계 추진이 필요하다. 북한의 에너지, 교통 등 부문별 과제 간의 밀접한 상호연관성과 협력 주체의 다양성 측면에서도 통합적 과제 해결을 도모해야 한다. 철도와 도로, 항만, 공항 등 교통시설을 적절히 연계하면 투자비용은 최소화하고 수송효율은 극대화하는 효과를 기대할 수 있다. 또한 발전소 등 에너지 개발 관련 시설과 교통시설을 적절히 연계함으로써 시너지 효과를 얻을 수도 있다.

인프라와 경제성 있는 광물자원 개발의 연계도 고려할 필요가 있다. 지하자원과 교통 인프라 개발을 연계한 사업으로서 단천의 광산 개발과 철도시설 및 항만시설 현대화를 시범 사업으로 고려할 수 있을 것이다. 공단과 교통 인프라 개발을 연계하려면 함경북도 접경 지역의 교통 여건을 개선하고 이 지역에 대규모 복합단지 조성을 고려해야 한다.[6] 인프라 개발이 지역 개발을 선도할 수 있는 특정 부문과 지역에 대한 개발을 적극 추진해가는 전략적 접근도 필요하다. 예를 들면 경의선 교통축을 중심에 놓고 단계적으로 경제특구 등 각종 개발 사업을 추진하는 방안이 바로 그것이다.

7) 동북아시아 경제협력을 고려한 북한 인프라 개발의 추진

북한의 인프라 개발은 한반도와 동북아시아 주변국 간의 경제협력 활성화에 기여하는 방향으로 추진될 필요가 있다. 한반도가 동북아시아에서 교류협력의 거점과 가교로 기능하기 위해서는 북한의 인프라 개발이 중요하다. 단절된 한반도 육상 인프라의 복원과 낙후된 북한 인프라의 확충은 동북아시아 경제협력에 북한이 참여·기여할 수 있는 중요한 전제 조건 가운데 하나이다. 남북을 연결하는 인프라가 동북아시아 차원의 인프라와 효율적으로 연계될 때 한반도 인프라 경쟁력이 강화될 수 있다. 이러한 이유로 북한 인프라 개발에 동북아시아 차원에서 거시적으로 접근할 필요가 있는 것이다. 장기적으로 환황해권과 환동해권의 경제협력 활성화를 고려한 북한 인프라 개발을 추진할 경우, 환황해권에서는 목포-평택-인천-해주-남포-신의주-칭다오-톈진-상하이 경제협력을 감안한 육해운 연계수송망 구축이, 환동해권에서는

---

6) 예를 들면 중단기적으로는 북한·러시아 간 접경 지역 철도와 북한·중국 간 접경 지역에 있는 나진-원정 간 도로 정비를 추진하고, 항만물류 기능을 확충하는 측면에서 나진항의 하역시설 정비 사업을 고려할 만하다. 이렇게 중단기적으로 기반정비사업을 추진한 다음 중개무역·수출가공단지 및 복합물류단지 건설을 단계적으로 확대·추진해가는 방안을 고려할 수 있을 것이다.

부산-동해-원산-청진-나선-블라디보스토크-니가타 경제협력을 감안한 육해운 연계수송망 구축이 추진되어야 한다.

동북아시아 인프라협력의 잠재력을 북한 인프라 개발의 기회로 활용할 필요도 있다. 아시아 고속도로(Asian Highway) 차원에서 나진-선봉 지역과 중국과 러시아 접경 간 고속도로 건설을 추진하고, 한반도종단철도(Trans-Korean Railway: TKR)와 시베리아철도(Trans Siberian Railway: TSR) 연결 차원에서 북한의 철도 현대화를 추진하는 것이 바로 그것이다.

8) 북한 인프라 개발을 위한 효율적 국제협력의 추진

북한의 인프라 개발은 단순한 일국 차원이 아니라 국제적 차원의 과제이다. 북핵 문제가 북한과 미국만의 문제가 아니라 동북아시아의 주요 안보 현안이듯이 북한의 인프라 개발은 안보 현안과도 직결된다. 따라서 북한의 인프라 개발을 효율적으로 추진하기 위해서는 이를 뒷받침할 수 있는 추진체계를 구축해야 하며, 이는 다자간 국제협력 구도에서 모색될 필요가 있다. 우선 역내 당국이 협력을 주도하면서 민간이 참여하는 방식으로 인프라협력을 추진하고, 장기적으로는 민간이 선도하고 정부가 지원하는 단계적 접근이 현실 대안이 될 수 있을 것이다.

수요가 있는 곳, 수요를 창출할 수 있는 곳에 인프라를 개발하기 위한 투자의 효율성, 재원조달의 가능성 등을 종합적으로 고려해 추진체계를 구축할 필요가 있다. 이와 함께 안보 현안과 연계된 북한 인프라 개발의 특성을 고려해 6자회담 참여국들의 다자간 협력에 기초한 개발을 추진해야 한다. 이런 측면에서 다자간 협력을 통한 단계별 추진체계 구축을 모색해야 한다. 6자회담 후속 기구로 '한반도인프라개발기구(Korean peninsula Infrastructure Development Organization: KIDO)' 같은 다자간 협의체 구성을 추진하는 것도 대안이 될 수 있다.7) 이러한 추진 구도 아래 남북주도형 사업, 북한·중국 주도형 협력 사업, 북한·러시아 주도형 협력 사업 등 다양한 형태의 협력 사업을 추진할 수 있을 것이다.

장기적으로는 북한의 국제금융기구 가입을 전제로 포괄적인 국제협력체계를 구축할 필요가 있다. '동북아개발은행' 또는 '동북아개발기금'과 같은 별도의 금융기구 또는 기금 활용도 이러한 측면에서 고려될 수 있다.

5. 북한 인프라 개발의 단계별 추진 과제

1) 남북 경제통합 준비기(1단계)

1단계에서 북한의 인프라 개발을 위한 안정적 협력의 틀(framework)을 구축하고 경제적 타당성이 있는 선도 사업을 발굴하는 것이 중요하다. 단기적인 협력 사업 추진과 병행해서 장기적인 개발 구도에 대한 남북 간 논의와 합의가 필요하다. 이와 같은 합의를 토대로 지속가능한 협력이 이루어질 수 있기 때문이다.

인도적 차원의 지원 및 개발과 달리 인프라 개발은 철저히 장기적인 구도 아래 이루어져야 하고 이런 측면에서 남북 경제통합 준비기에는 미래의 본격적인 인프라 개발을 대비책으로서 치밀한 계획이 요구된다. 통일독일의 경우 단기적으로 시행된 대규모 인프라 투자가 중복투자, 과잉투자 문제를 야기한 바 있다. 이와 같은 사례를 교훈으로 삼아 시행착오를 최소화할 수 있는

---

7) 이런 측면에서 유럽연합집행위원회(European Commission: EC)와 남동부유럽(South East Europe: SEE) 국가들이 공동으로 구축한 '남동부유럽에너지공동체(Energy Community of South East Europe: ECSEE)' 체제도 참고할 필요가 있다.

계획을 수립하는 것이 중요하다.

또한 단기적으로 진행될 민간 차원의 투자와 당국 차원의 인프라협력이 질서 있게 진행될 수 있도록 북한 인프라 개발에 대한 종합계획(master plan)을 수립하는 것도 필요하며 이 과정에서 주변국 등 국제사회의 참여를 이끌어내야 한다. 협력주체별 과제를 구체적으로 살펴보면 다음과 같다.

첫째, 북한 당국은 한국과 인프라협력을 추진하기 위해 관련 인력을 확보하고 내주 정책을 조율해야 한다. 과거와 같이 외부의 지원에 전적으로 의존해서 인프라를 개발하려는 소극적 자세를 버리고 한국과 적극적으로 협력해 나갈 준비를 해야 하는 것이다. 그러기 위해서는 인프라 개발 관련 부처에 인력을 확충하고 한국과 공동으로 종합계획을 수립하는 데 필요한 관련 실태자료를 준비해야 한다.

둘째, 한국 당국은 북한과의 본격적인 협력 추진에 대비해 범정부 차원의 협의기구를 구성할 필요가 있다. 이런 협의기구에는 정부 부처는 물론 관련 연구기관과 민간 전문가도 참여해야 한다. 한국의 남북협력 관련 제도 정비도 추진되어야 한다. 남북 인프라협력과 관련해 대북지원의 법적 근거가 될 제도를 준비하는 것은 이번 단계에서 정부의 주요 과제 가운데 하나가 될 것이다.

또한 정부는 6자회담 당사국 등 국제사회와 공동으로 북한 개발지원을 위한 협의체 구성을 준비해야 한다. 이러한 측면에서 한반도인프라개발기구와 같은 다자간 협의체 구성을 추진해야 할 것이다. 이와 더불어 북한의 국제금융기구 가입을 지원하기 위한 다각적 노력에도 힘쓸 필요가 있다.

2) 남북 경제통합 시작기(2단계)

2단계에서는 남북 경제협력 기반 강화를 위해 남북 접경 지역과 북한·중국·러시아 접경 지역 및 연안 지역의 인프라를 집중적으로 공동 개발해야 한다. 서울-평양 구간의 고속도로 개보수를 완료하고 남북 접경 지대의 경우 경의선 서울-평양 구간의 철도 현대화를 위한 공동조사 및 일부 구간 공사에 착수하는 것이 필요하다. 또한 남북 공동으로 전력 및 통신망 연결을 위한 종합 계획을 수립하고 주요 거점 도시를 중심으로 부분적 개발에 착수하는 것이 좋다. 남포항, 원산항 등 주요 항만 개보수를 위한 종합계획도 남북 공동으로 수립하고 하역시설 등 일부 시설의 현대화를 본격 추진해야 한다.

북한·중국, 북한·러시아 접경 지역의 철도와 도로 개발에 한국이 부분적으로 참여해 장기적인 한반도 통합 인프라 구축을 위한 국제협력 토대를 마련하는 것도 필요하다. 특히 신의주-단둥의 인프라 연계개발 및 나선-훈춘-하산 지역의 인프라 연계 개발과 관련한 국제협력에 한국이 적극적으로 참여해야 한다. 구체적인 협력주체별 과제는 다음과 같다.

첫째, 북한 당국은 인프라 개발에 필요한 인력을 안정적으로 확보하는 데 주력할 필요가 있다. 직접적인 투자재원의 상당 부분은 남한을 비롯한 외부에서 조달할 수밖에 없기 때문에 북한으로서는 인력과 일부 건자재 공급이 주요 과제가 될 것이다. 특히 건설노동력을 안정적으로 공급하기 위한 조치를 취하는 것이 북한 당국의 가장 중요한 과제일 것이다. 그리고 2단계에서부터는 본격적인 인프라 개발이 시작되므로 이와 관련해 기술인력을 양성하기 위한 노력으로 한국 정부와 협력해야 한다. 이 과정에서 한반도인프라개발기구의 역할이 중요하다.

둘째, 한국 당국은 북한 당국과 각종 개발을 효율적으로 추진하기 위한 기본 계획을 함께 수립하고 공동추진체를 구성해야 할 것이다. 또한 남북 간 인프라와 관련된 제도적 통합과 기술 표준화도 본격적으로 준비할 필요가 있다. 그리고 본격적인 인프라 개발에 요구되는 재원을 확보·투입해야 한다. 이를 위해 우선 한국의 공적 기금을 일부 활용하는 것이 현실적 대안이 될 수 있고, 일부 민간자본을 참여시켜 전력과 통신 관련 인프라 확충에 노력을 기울여야 한다. 한편 한국 정부가 적극적으로 해외 공적자금과 민간자본을 유치할 수 있도록 해야 한다. 한국 정부가 일정한 지분을 가지고 참여하는 개발 펀드의 구성도 고려해볼 만한 대안이다.

재원조달 방식과 사업추진체 구성에 대한 대안은 인프라 개발 사업의 특성별로 차별화할 수 있을 것이다. 소규모 개발 사업의 경우 공공이나 민간이 단일한 사업추진체를 구성하는 것이 가능해 보이지만, 대규모 개발 사업에서는 국제컨소시엄 구성 등 좀 더 복합적인 대안이 필요하다. 북한이 국제금융기구로부터 직접 공적자금을 지원받거나 국제금융기구가 컨소시엄에 참여하는 방식의 협력도 가능할 것이다. 이와 관련해서는 남북 당국 간 긴밀한 협의가 요구된다.

3) 남북 경제통합 진행기(3단계)

3단계는 주요 도시 내 경제특구 지역 인프라를 집중적으로 개발하고 이후 경제특구와 배후 지역의 인프라 연결 및 단계적 통합을 추진해가는 것이 필요하다. 이 단계에서는 남북 간의 인프라 통합이 양적·질적으로 본격 추진되는 단계이므로 제도와 재원조달 측면에서 많은 과제가 제기될 것이다. 구체적인 협력주체별 과제는 다음과 같다.

첫째, 북한 당국은 본격적인 인프라 개발을 통해 경제특구 등 주요 거점 개발을 추진해야 할 것이다. 이를 위해서는 과거 한국이 1970년대와 1980년대 추진했던 각종 개발 관련 특별법을 통해 거점 개발을 추진하는 것을 고려해야 할 것이다. 인프라 및 거점 개발과 관련해 안정적인 제도적 체계를 구축함으로써 난개발과 혼란을 방지할 필요가 있다. 비록 이 단계에서부터 남북 간의 제도적 통합이 진행될 것이지만, 인프라 투자 여건이 남한과 상당히 많이 차이가 나므로 북한의 인프라 및 거점 개발에 한시적으로 적용할 '특별법'을 제정하는 것도 고려해봐야 한다.

둘째, 한국 당국은 남북 간의 제도적 통합과 관련해 한국의 관련 제도 가운데 변경이 필요한 부분에 대해서 정비를 해나가야 한다. 그리고 이 단계에서부터는 적극적으로 민간자본의 투입을 촉진시키기 위한 정책적 노력을 기울여야 한다. 또한 한반도인프라개발기구가 개발의 중요한 주체로서 역할을 해가는 것이 필요하다.

4) 남북 경제통합 완성기(4단계)

4단계에서는 한반도 차원의 통합적 인프라 네트워크가 구축된다. 즉, 경의선·동해선축의 철도와 도로를 따라 수송·물류, 에너지, 통신망을 통합적으로 개발하는 것이다. 이 시기 주요 과제는 한반도 차원의 인프라를 동북아시아 주변국과 연계하는 것으로, 구체적인 협력주체별 과제는 다음과 같다.

첫째, 북한 당국은 중국·러시아를 잇는 철도, 도로, 전력 부문의 기술 표준화 등을 한국과 함께 추진할 필요가 있다. 4단계에서는 남북 간 인프라 부문의 기술 표준화가 완성되기 때문에 북한·중국, 북한·러시아 간 표준화는 사실상 남북한과 이들 국가 간의 표준화를 의미하게 된다. 남북 간 경제통합 역시 완성 단계이기 때문에 경제 각 분야의 통합 지원 인프라 개발을 남한과 공동으로 추진하는 것이 좋다. 사실상 북한 경제의 시장경제화가 완성되는 단계이기 때문에 인프라 개발에서도 민자유치 개발에 적극 나설 필요가 있다.

둘째, 한국 당국은 북한 인프라 개발을 위한 한국 기업들의 참여를 적극적으로 지원해야 한다. 4단계에서는 민간자본의 대북투자 여건이 상당히 개선되기 때문에 정부 차원의 지원이 상대적으로 클 필요는 없다. 하지만 수자원 개발 등 공공성이 요구되는 부문의 투자에는 여전히 민간자본의 참여 유인이

약하다고 볼 수 있다. 따라서 한국 자본의 대북진출을 촉진할 수 있는 정부 차원의 지원 대책이 필요하며, 이는 북한 정부와의 긴밀한 협력관계 아래 진행되어야 할 것이다.

6. 결론

북한 인프라 개발에서는 식량, 의료 등 기본적인 생활보장을 지원하는 인프라 확보가 가장 시급하다. 그래서 외부의 인도적 지원 물자가 원활하게 운송될 수 있는 항만 및 도로 수송 인프라 확보가 매우 중요하다. 핵심 인프라 부문의 기능 정상화를 통해 교역 및 투자 여건을 개선하고 이를 기반으로 남북 경제협력 활성화를 도모하는 선순환구조 정책을 유도할 필요가 있다. 북한 인프라 개발은 남북 경제통합에 기여할 수 있도록 남북 경제협력 발전 단계에 맞게 점진적으로 추진되어야 한다. 인프라 투자의 효율성을 높이기 위해서는 단기적으로 북한 경제 회생을 위한 핵심 부문과 지역의 인프라를 개발하는 데 협력 역량을 집중해야 한다. 경제 회생 차원에서 파급효과가 가장 큰 부문과 지역의 인프라 개발을 우선 추진하기 위해 주요 항만을 중심으로 투자 우선순위를 고려해야 하는 것이다.

북한 인프라 개발은 남북 경제의 단계적 통합과 남북 경제공동체 구축 등 한반도의 장기적인 발전 구도 아래 추진되어야 한다. 전체적인 한반도 발전축은 경의선·경원선·동해선 철도축을 따라 산업단지, 수송, 에너지가 연계되는 통합적 인프라 개발축(integrated infrastructure corridor)을 고려할 수 있을 것이다. 북한 인프라 개발을 위해서는 대규모 투자재원의 상당 부분을 국제사회에서 조달하는 것이 불가피하리라 예상된다. 또한 인프라 개발을 위한 추진체계와 인력 확보가 중요하다.

북한 인프라 개발은 저개발국가의 경제개발, 체제전환, 통일이라는 중층적·복합적 과제와 함께 해결해야 하는 문제이기에 사업 간 연계 등 통합적 추진을 고려해야 한다. 또한 북한의 에너지, 교통 등 부문별 과제의 밀접한 상호연관성과 협력주체의 다양성 측면에서도 통합적 과제 해결을 도모해야 한다. 북한 인프라 개발은 한반도와 동북아시아 주변국 간의 경제협력 활성화에 기여하는 방향으로 추진될 필요가 있다. 북한 인프라 개발을 위해 효율적인 추진체계를 구축하는 측면에서 다자간 협력을 통한 단계별 추진체계를 모색해야 할 것이다.

남북 경제통합 준비기에는 북한 인프라 개발을 위한 안정적 협력의 틀을 구축하고 경제적 타당성이 있는 선도 사업을 발굴하는 것이 중요하다. 남북 경제통합 시작기에는 남북 경제협력 기반을 강화하기 위해 남북 접경 지역과 북한·중국·러시아 접경 지역 및 연안 지역의 인프라를 집중적으로 공동 개발해야 한다. 남북 경제통합 진행기에는 주요 도시 내 경제특구 지역 인프라를 집중적으로 개발하고, 이후 경제특구와 배후 지역의 인프라 연결 및 단계적 통합을 추진해나가야 한다. 남북 경제통합 완성기는 한반도 차원에서 통합적 인프라 네트워크가 구축되는 단계이다. 즉, 경의선·동해선축의 철도와 도로를 따라 수송·물류, 에너지, 통신망을 통합적으로 개발함으로써 한반도에 통합적인 인프라 네트워크가 구축되는 것이다.

북한의 인프라 개발은 북한 경제재건 그 자체라고 할 수 있다. 인프라가 사회경제의 근간을 이루는 토대이기 때문에 북한 인프라 개발은 매우 어렵고도 중요한 과제이다. 1999년 고(故) 김대중 대통령이 베를린 자유대학에서 북한 변화를 전제로 인프라 개발에 대한 지원 의사를 밝힌 지도 11년이 지났다. 그동안 두 차례 남북정상회담이 있었고, 개성공단이 개발되었으며, 남북 간 도로와 철도가 연결되었지만 북한 인프라는 총체적으로 더 부실해졌다.

북한 인프라 개발의 필수 선결 과제는 개발 여건을 마련하기 위한 대북관계의 긍정적 변화이다. 북한 핵 문제를 평화적으로 해결하기 위한 6자회담 진전이 바로 그 일례이다. 현재 북한은 핵무기 개발 때문에 국제사회의 제재를 받고 있으며, 이 같은 상황이 개선되지 않는 한 북한의 인프라 개선은 요원하다.

북한 인프라 개발은 남북 경제통합의 기본 물적 토대이자 동시에 견인차가 될 수 있다. 대규모 인프라 개발 자체가 남북 경제통합의 주요 동력으로 작용할 것이기 때문이다. 북한 인프라 개발에서 가장 중요한 과제는 경제통합을 뒷받침하면서도 동시에 촉진할 수 있도록 타 부문 과제들과 긴밀한 연계를 이루는 것이다. 이러한 측면에서 인적 교류 및 기업의 투자 확대 등과 연동해서 단계적 인프라 개발 계획을 수립할 필요가 있다. 북한 인프라 개발은 남북 경제통합을 위한 타 부문의 협력보다 앞서 갈 필요도 없지만 뒤처져서도 안 된다. 그만큼 전략적 판단이 요구되는 과제이다.

한 국가의 인프라는 나무뿌리에 비유할 수 있다. 국가경제라는 나무가 잘 자라려면 나무 높이와 비슷한 깊이로 뿌리가 땅속 깊이 뻗어야 한다. 그래야 큰 바람에도 견디고 잘 자랄 수 있다. 현재 북한 경제는 인프라라는 뿌리가 매우 약해진 상태이다. 문제는 북한 스스로의 힘으로 취약해진 인프라를 되살리기 어렵다는 것이다. 주변의, 특히 가장 가까이 있는 한국의 도움이 필수이다. 자구 노력으로 회생 불가능한 뿌리에는 근본적 처방이 필요하다. 뿌리가 회생할 수 있는 토양과 영양분을 공급해주어야 한다. 이런 세심한 처방을 준비하는 데 남북이 국제사회와 함께 손을 잡아야 한다.

참고문헌

김경석. 2000. 「북한의 지역개발과 교통인프라 구축방안」. 한독워크숍 발표 논문. 국토연구원.

이상준 외. 2003. 「북한의 개혁·개방과 산업인프라 개발의 새로운 과제」. 국토연구원.

_____. 2004. 「남북경제통합에 대비한 북한 주요도시의 산업발전방향과 남북협력 방안」. 국토연구원.

_____. 2005. 『남북인프라협력사업의 통합적 추진방안 연구』. 안양: 국토연구원.

_____. 2008. 『한반도 공동번영을 위한 국토분야의 대응방안 연구』. 안양: 국토연구원.

_____. 「통일20년 동독 지역의 국토변화와 시사점」. ≪국토정책 Brief≫, 제293호.

최연혜. 2010. 「분단기 서독의 교통정책, 통일의 매개체 역할」. ≪북한 해양수산 리뷰≫, 제17호(2010.8).

통계청. 2009. 『북한의 주요통계지표』. 통계청.

_____. 2012. 『북한의 주요통계지표』. 통계청.

_____. 2013. 『북한의 주요 통계지표』. 통계청.

DPR Korea. 2009. *DPR Korea 2008 Population Census National Report*. Pyongyang: Central Bureau of Statistics

Hayes, Peter and David von Hippel. 2007. "Anticipating Six Party Energy Negotiations." *Northeast Asia Peace and Security Network*, Special Report.

International Telecommunication Union. 2006. "World Telecommunication/ICT Development Report 2006." *ICT Statistics 2006*.

지은이
(가나다순)

김병연

서울대학교에서 학사·석사학위를 받은 후 영국 옥스퍼드 대학교에서 경제학 박사학위를
수여했다. 연구 관심 분야는 체제이행경제학이며 주로 구사회주의 국가와 북한을 대상으
로 연구하고 있다. 영국경제사학회 수여 T. S. Ashton Prize, 한국경제학회 수여 청람상
을 수상했으며 한국연구재단 인문사회 분야 우수학자(2010)로 선정되었다. 국민경제자문
회의 위원(2011~2012)을 역임했으며 현재 통일부 정책자문위원, 외교부 자체평가위원직
을 수행하고 있다. 또한 서울대학교 경제학부 교수로 재직 중이며, 서울대학교 통일평화
연구원 부원장, 서울대학교 경제학부 BK21 플러스 사업단 단장을 겸직하고 있다.
*Journal of Comparative Economics, British Journal of Political Economy, Economics
of Transition, Journal of Economic History, Economic History Review, Journal of Eco-
nomic Behavior and Organization* 등 국제학술지에 여러 논문을 게재했으며, 북한 경제
관련해 다수의 글을 썼다.

박영철

서울대학교 공과대학을 졸업하고 서울대학교에서 도시계획 석사학위, 행정학(도시 및 지
역계획) 박사학위를 받았다. 국토연구원 연구위원(1981~2005)을 거쳐 2005년부터 성결
대학교 사회과학대학 도시계획·부동산학부 교수로 재직 중이다. 주요 관심 분야는 지역
경제와 산업입지이다. 국토교통부 중앙산업단지계획심의위원회 부위원장(2008~2010)과
산업입지정책심의위원(2005~2014) 등을 역임했다. 국토연구원 재직 시 제2차 산업입지
공급계획, 개성산업단지의 경제적 효과, 통일 후 산업구조 재편 및 입지구상 등 다수의 산
업입지 관련 과제연구 책임을 수행했다.
주요 저서는 『대한민국의 산업입지』이고, 그 외 논문 30편 정도가 있다.

박진

서울대학교 경제학과를 졸업했고 미국 펜실베이니아 대학교에서 경제학 박사를 받았다. 1992년부터 KDI북한경제연구센터에서 북한경제, 경제통합, 체제전환을 연구했다. 1998년 이후 기획예산처 정부개혁실 팀장으로 근무했고 대통령 자문기구인 민주평화통일정책자문회의, 정책기획위원회 위원직을 역임했다. 2001년부터 KDI국제정책대학원 교수로 재직 중이다.

주요 논저에 『전환기의 대북정책과 남북경협』(공저), 『북한경제발전전략의 모색』(공저), 『한반도 경제공동체 그 비전과 전략』, Ten Years of Knowledge Partnership with North Korea(공저) 등이 있다.

양운철

숭실대학교 경제학과를 졸업했고 미국 앨라배마대학교에서 경제학 박사를 받았다. 현재 세종연구소에서 부소장으로 근무하고 있으며 북한연구소 이사도 겸하고 있다. 사회주의 경제체제 이행, 북한 기업소, 북한통계, 탈북자 연구 등을 수행하고 있다.

주요 논저에 『북한 경제체제 이행의 비교연구: 계획에서 시장으로』, 『북한 군수산업의 민수전환 방안연구: 체제전환국의 경험을 중심으로』, 「북한인권지표 및 지수개발연구」(공저), Power Struggle for Privileges and Economic Rents in Noth Korea 등이 있다.

이상준

연세대학교 건축공학과에서 학사·석사학위를 받았고 독일 베를린 공업대학교에서 공학박사학위를 받았다. 독일연방건설청 객원연구원을 지냈으며 현재는 국토연구원에서 한반도·동북아연구센터장으로 근무하며 미래 북한의 국토 및 도시개발을 연구하고 있다.

주요 논저에 『북한 국토개발을 위한 남북협력 100대 과제와 추진방향』, 『통일한반도시대에 대비한 북한 주요 거점의 개발잠재력과 정책과제(I)(II)』, 『통일시대를 향한 한반도개발협력 핵심 프로젝트 선정 및 실천과제』, Collaborative Regional Development in Northeast Asia: Towards Sustainable Regional and Sub-regional Futures, 「통일 이후 구 동독 공업도시들의 도시특성과 도시성장에 관한 연구: 라이프찌히와 할레를 중심으로」 등이 있다.

한울아카데미 1845

한반도평화연구원총서 12
남북한 경제통합
전략과 정책

© 한반도평화연구원, 2015

엮은이 ㅣ 이장로·김병연·양운철
지은이 ㅣ 김병연·박영철·박진·양운철·이상준
펴낸이 ㅣ 김종수
펴낸곳 ㅣ 도서출판 한울
책임편집 ㅣ 배유진

초판 1쇄 인쇄 ㅣ 2015년 11월 5일
초판 1쇄 발행 ㅣ 2015년 11월 20일

주소 ㅣ 10881 경기도 파주시 광인사길 153 한울시소빌딩 3층
전화 ㅣ 031-955-0655
팩스 ㅣ 031-955-0656
홈페이지 ㅣ www.hanulbooks.co.kr
등록번호 ㅣ 제406-2003-000051호

Printed in Korea.
ISBN 978-89-460-5845-3 93340

* 가격은 겉표지에 표시되어 있습니다.